AF355111

Alfred Adler

Alfred Adler: Heilen und Bilden

e-artnow 2018

Leseempfehlungen (als Print & e-Book von e-artnow erhältlich)

Alfred Adler
Der Sinn des Lebens

Sigmund Freud
Das Ich und das Es

John Henry Mackay
Die Anarchisten

Jean-Jacques Rousseau
Emile oder über die Erziehung

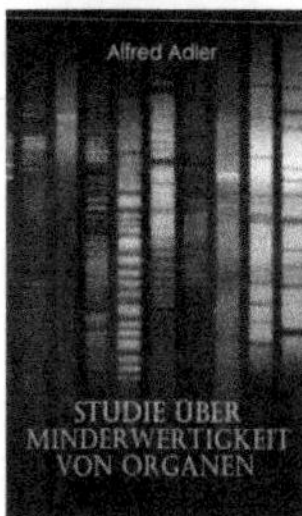

Alfred Adler
Studie über Minderwertigkeit von Organen

Sigmund Freud
Das Unbehagen in der Kultur

John Henry Mackay
Der Freiheitssucher

Edmund Husserl
Phänomenologische Psychologie

Alfred Adler
Praxis und Theorie der Individualpsychologie

Sigmund Freud
Analyse der Phobie eines fünfjährigen Knaben

Alfred Adler

Alfred Adler: Heilen und Bilden

Der Aggressionstrieb im Leben und in der Neurose, Das Zärtlichkeitsbedürfnis des Kindes, Über neurotische Disposition, Der nervöse Charakter, Der Arzt als Erzieher, Zur Erziehung der Eltern

e-artnow, 2018
Kontakt info@e-artnow.org

ISBN 978-80-273-1066-1

Inhaltsverzeichnis

Die Theorie der Organminderwertigkeit und ihre Bedeutung für Philosophie und Psychologie

Der Begriff der Minderwertigkeit ist sowohl in der Medizin als in der gerichtlichen Praxis seit langem in Verwendung. Man versteht darunter zumeist einen Zustand, der geistige Defekte aufweist, ohne daß man gerade von geistiger Krankheit sprechen könnte. Dieser Begriff enthält also ein Gesamturteil und eine herabsetzende Kritik über das Ganze einer Psyche. Die Minderwertigkeit, mit der ich rechne, betrifft das unfertige, in der Entwicklung zurückgebliebene, im ganzen oder in einzelnen Teilen in seinem Wachstum gehemmte oder veränderte Organ. Das Schicksal dieser minderwertigen Organe, der Sinnesorgane, des Ernährungsapparates, Atmungstraktes, Drüsen-, Harn-, Genitalapparates, der Zirkulationsorgane und des Nervensystems, ist ein ungemein wechselndes. Beim Eintritt ins Leben, oft nur auf kindlicher Stufe ist diese Minderwertigkeit nachzuweisen oder zu erschließen. Die Entwicklung und die Reizquellen des Lebens drängen auf Überwindung der Äußerungen dieser Minderwertigkeit, so daß als Ausgänge ungefähr folgende Stadien mit allen möglichen Zwischenstufen resultieren: Lebensunfähigkeit, Anomalien der Gestalt, der Funktion, Widerstandsunfähigkeit und Krankheitsanlagen, Kompensation (Ausgleichung) im Organ, Kompensation durch ein zweites Organ, durch den psychischen Überbau, Überkompensation im Organischen oder Psychischen.

Der Nachweis der Minderwertigkeit eines Organs ist am ehesten möglich, wenn in seinem *morphologischen Aufbau* eine vom Durchschnitte abweichende Form des ganzen Organs oder einzelner seiner Teile vorliegt, Abweichungen, die sich in die embryonale Zeit oder bis in die kindliche Wachstumsperiode zurückverfolgen lassen. Die gleiche Sicherheit gewähren *Ausfallserscheinungen der Funktion oder Veränderungen der Ausscheidung;* beiderlei Mängel, der eine ein solcher des Aufbaus, der andere eine Abänderung der Arbeitsweise, finden sich recht häufig vereint vor.

Ein weiterer Hinweis ergibt sich für eine Person aus *Organminderwertigkeiten seiner Blutsverwandten,* die bei ihr nicht zu wahrnehmbarer Größe gekommen sind.

Hier muß ich eine biologische Erscheinung anführen, die in minderwertigen Organen zutage tritt, sobald unter dem Mangel der Gestalt oder der Funktion das vorauszusetzende Gleichgewicht im Haushalte des Organs oder Organismus gestört erscheint. Die unbefriedigten Ansprüche steigen so lange, bis der Ausfall durch Wachstum im minderwertigen Organ, im symmetrischen oder in einem andern Organ gedeckt wird, das ganz oder teilweise eine Stellvertretung ausüben kann. Diese Tendenz zur Deckung des Defekts durch Wachstums- und Funktionssteigerung, Kompensation, kann unter günstigen Umständen bis zur Überkompensation gelangen, und *sie wird zumeist auch das Zentralnervensystem in seine gesteigerte Entwicklung mit einbeziehen.*

Bei der Unsumme von Erscheinungsweisen, die dem minderwertigen Organ eigen sind, erscheint eine Orientierung nicht leicht. Doch gibt es eine Anzahl von Merkzeichen, deren Zusammenhang sich leicht erweisen läßt, so daß auch vereinzelte davon für die Erkennung von Bedeutung werden.

So die Lokalisation einer *Erkrankung* in einem Organ, die eine der Erscheinungsweisen der Organminderwertigkeit darstellt, sobald das minderwertige Organ auf sogenannte »krankmachende Reize« der Umgebung reagiert. Es soll diese Formulierung: *die Krankheit ist eine Resultierende aus Organminderwertigkeit und äußeren Angriffen,* den dunklen Begriff der *»Disposition«* ersetzen. Die eine der Komponenten, *äußere Beanspruchungen,* hat eine beschränkte Beständigkeit für kurze Zeit und für einen bestimmten Kulturkreis. Die daran vorgenommenen Änderungen sind kultureller Fortschritt, Änderungen der Lebensweise, soziale Verbesserungen, sind Werke des menschlichen Geistes und halten auf die Dauer jene Richtung ein, durch die allzu große Anspannungen der Organe hintangehalten werden. Sie stehen also in Beziehung zu den Entwicklungsmöglichkeiten der Organe und ihres nervösen Überbaues, arbeiten auf die gleichmäßige Entwicklung aller hin, sind aber andererseits Bedingung für die relative Minderwertigkeit, sobald ihre Anforderungen ein gewisses Maß überschreiten. In dem ganzen Kreis dieser Beobachtungen erscheint der Zufall als Korrektur der Entwicklung ausgeschlossen. Ein leicht zu durchschauendes Beispiel wäre die Beobachtung Professor *Habermanns,* nach der Angehörige von Berufen, in deren Betätigung heftige Schallwirkungen das Gehör treffen, z. B. Schmiede, Kanoniere, leicht von Ohrenerkrankungen befallen werden. *Es ist leicht einzusehen, daß sich nicht jeder Gehörapparat zu diesen Berufen eignet; daß derartige Verletzungen eines Organs zu technischen Betriebsänderungen regelmäßig den Anstoß geben; daß die dauernde Ausübung gewisser Berufe die in Anspruch genommenen Organe verändert; und daß auf dem Wege zur Vollxvertigkeit gesundheitliche Gefahren bestehen.*

Zusammenfassend können wir von Hygiene und Krankheitsverhütung sagen, daß sie diesen Bedingungen des Ausgleichs gehorchen, und ebenso sind alle *unsere Heilmethoden* auf den Ausgleich der sichtbar gewordenen Organminderwertigkeit gerichtet.

Eine gesonderte Betrachtung des durch Erkrankung geschädigten Organs, der zweiten Komponente, ergibt unter Berücksichtigung der pathologischen Forschung und der weiter unten folgenden Zusammenhänge die Vorbestimmung des von Geburt aus minderwertigen Organs für die Krankheit. — *Die angeborenen Anomalien der Organe halten sich in einer Reihe, auf deren einem Pole die angeborene Mißbildung, an deren anderem die langsam reifenden, sonst normalen Organe stehen. Dazwischen liegen reine, kompensierte und überkompensierte Minderwertigkeiten.* Die Frage nach dem ersten Beginn der Organminderwertigkeit ist gewiß von tiefer biologischer Bedeutung. Heute indes haben wir es bereits mit ausgeprägten Variationen zu tun und insbesondere bei den menschlichen Organen mit Abänderungen, *die von meinem Standpunkte aus als angeborene Minderwertigkeiten zu deuten sind.* Dieser Zusammenhang von Erkrankung und embryonal minderwertigem Organ läßt den Schluß zu, daß in der Verwandtschaft in aufsteigender Linie bereits, also am Stammbaume der Familie, der Grund zur Minderwertigkeit gelegen ist, *d. h. daß die Minderwertigkeit des Organs erblich ist.*

Bei den starken Beziehungen zwischen Minderwertigkeit und Krankheit ist demnach zu erwarten, daß *recht häufig der ererbten Minderwertigkeit die ererbte Krankheitsbereitschaft entspricht. Und so wird auch die Krankheit an einem Gliede des Stammbaumes zum Merkmal der Organminderwertigkeit für die nächsten Vorfahren und Nachkommen,* mögen diese selbst auch gesund geblieben sein. Gleichzeitig mit der Organminderwertigkeit oder der Tendenz zu dieser gehen in die Keimsubstanz aber auch die Tendenzen ihrer Überwindung *(Kompensationsbestrebungen)* ein, die wieder neue und *leistungsfähigere Varianten schaffen, leistungsfähiger deshalb, weil sie aus der Überwindung der äußeren Beanspruchungen ihren Kraftzuwachs bezogen haben.*

Ich kann mich *wegen der weiteren Merkmale der Organminderwertigkeit* darauf beschränken, zusammenfassend hervorzuheben, daß sie untereinander die gleichen Beziehungen haben wie zu Krankheit, Erblichkeit und Kompensation, wie die morphologischen angeborenen Anomalien, die Entartungszeichen, Muttermale oder Stigmen, von welchen ich behauptet habe, daß sie nicht selten als äußerlich sichtbare Zeichen die Minderwertigkeit des zugehörigen Organs, des Auges, des Ohres, des Atmungs- und Ernährungstraktes usw. verraten, während sie bisher als bedeutungslos abgelehnt wurden oder mit Unrecht als Zeichen einer allgemeinen Degeneration oder Minderwertigkeit eingeschätzt wurden. *In ihrem weitesten Ausmaß liefern sie das Material der persönlichen Physiognomie.*

Ebenso kurz kann ich mich über die *Reflexanomalien* aussprechen, von welchen besonders die dem Organ zugehörigen Schleimhautreflexe *als ursprüngliche nervöse Leistungen* des Organs einen Leitfaden zur Auffindung der Organminderwertigkeit abgeben können, sobald sie sich als mangelhaft oder gesteigert erweisen.

Es lag nun angesichts der embryonalen Herkunft der Organminderwertigkeit nahe, die Aufmerksamkeit auf die Anfänge der Entwicklung nach der Geburt zu richten, in der Voraussicht, daß das Einsetzen der Kompensation nicht ohne auffällige Störung zustande käme, daß andererseits bei fertiger Kompensation das Bild der Organminderwertigkeit verwischt würde. — Tatsächlich hat uns diese Annahme nicht betrogen. Das *minderwertige Organ braucht länger, um zur normalen Punktion zu gelangen und macht dabei eine Anzahl Störungen durch, deren Überwindung nur auf dem Wege gesteigerter Hirnleistung gelingt.* Anstatt einer weitläufigen Beschreibung dieser Funktionsanomalien hebe ich hervor, daß es sich dabei um auffallende Erscheinungen im Kindesleben handelt, von welchen die Pädagogen einen Teil »Kinderfehler« nennen. Es handelt sich dabei um Kinder, die schwer sprechen lernen, die Laute andauernd falsch bilden, stottern, blinzeln, schielen; die Gehörfunktion, die Ausscheidungen sind längere Zeit mangelhaft, sie erbrechen, sind Daumenlutscher, schlechte Esser usw. Zuweilen zeigen sich diese Kinderfehler nur spurenweise, meist aber ganz deutlich und vereint mit den übrigen Zeichen der Organminderwertigkeit, mit Degenerationszeichen, Reflexanomalien und Erkrankung. Oder die genannten Merkmale sind bunt am Stammbaum zerstreut und beweisen so die Heredität der Organminderwertigkeit. Der Kinderfehler ist recht häufig selbst erblich.

Ich muß hierbei bemerken, daß die Beobachtung eine ungeheure Häufigkeit von Kinderfehlern ergibt, die aber nur der großen Anzahl minderwertiger Organe entspricht. Eine einheitliche Erklärung der Kinderfehler wurde bisher nicht gegeben. Vom Standpunkt der Organminderwertigkeitslehre aus ist eine Einsicht möglich: *der Kinderfehler ist der sichtbare Ausdruck einer geänderten Betriebsweise des minderwertigen Organs,* der sichtbare Ausdruck, neben dem es noch mehr oder weniger verborgene Phänomene gibt, die allen Abstufungen oder Minderwertigkeit entsprechen.

Der organisch erschwerten Einfügung in das Leben entsprechen seelische Schwierigkeiten. Im Kampfe mit diesen und zu ihrer Überwindung entstehen *seelische Haltungen, auffallende Charakterzüge besonderer Art,* ebenso Ausdrucksformen, die allesamt bald Vorzüge, bald Nachteile bedeuten können. *An diesem Punkte ist der Übergang von körperlichen zw seelischen Erscheinungen einzig zu erfassen.*

Ist es nun schon bei den Reflexanomalien der Schleimhäute sichergestellt, daß sie einen Zusammenhang mit der Seele besitzen, so gilt dies für die Kinderfehler noch in höherem Maße. Zumeist scheint das normale Wachstum der übergeordneten Nervenbahnen, einfache Wachstumskompensation, zu genügen, um die normale Funktion herbeizuführen. Dabei bleibt aber die Organanomalie die gleiche, und wenn wir mit geschärfter Aufmerksamkeit und Beobachtung an eine Prüfung gehen, so finden wir sehr häufig untilgbare Reste für das ganze Leben. Oder der Fehler ist für die Norm überwunden, stellt sich aber bei psychischen Anspannungen sofort wieder ein, so daß von einer *Kontinuität* des Zustandes gesprochen werden muß, der nur zur Zeit der Ruhe verdeckt wird. Solche Beispiele einer verdeckten Schwäche sind häufig: Blinzeln im hellen Licht, Schielen bei Naharbeit, Stottern in der Aufregung, Erbrechen im Affekte usw. — Dadurch findet die Vermutung, zu der wir von anderer Seite her gekommen sind, ihre Bestätigung, die *Kompensation erfolge durch Mehrleistung und Wachstumsschub des Gehirns.* Daß diese Verstärkung des psychischen Überbaues gelingt, zeigt der Erfolg; daß er im Zusammenhang mit einer ständigen Übung steht, ist leicht zu erraten. Als anatomische Voraussetzung können wir nach Ähnlichkeiten nur annehmen: leistungsfähigere und vermehrte Nervenelemente. — Also auch im Zentralnervensystem herrschen die gleichen Beziehungen von Minderwertigkeit und Kompensation, ebenso wie der beigeordnete krankhafte Einschlag zuweilen deutlich wird. Es gibt eine Anzahl von Hinweisen, wie die *v. Hansemanns,* der angeborene pathologische Veränderungen in den Gehirnen bedeutender Männer nachwies.

Steht so die Gehirnkompensation mit der Organminderwertigkeit im Zusammenhang, so ist es klar, daß gewisse, dem Organe zugehörige Verknüpfungen mit der Außenwelt auch im Überbau ihr psychisches Korrelat finden müssen; daß den ursprünglich minderwertigen Augen im Überbau ein verstärktes Schauleben entspricht usw.

In Verfolgung dieses Gedankenganges gelangt man zur Annahme, daß in günstig gelegenen Fällen das minderwertige Organ den entwickelteren und psychisch leistungsfähigeren Überbau besitzt, dessen psychische Phänomene, was Trieb, Empfindung, Aufmerksamkeit, Gedächtnis, innere Anschauung, Einfühlung, Bewußtsein anlangt, reichlicher und entwickelter sein können. Ein minderwertiger Ernährungsapparat wird im günstigen Falle die größere psychische Leistungsfähigkeit in allen Beziehungen zur Ernährung aufbringen, aber auch, da sein Überbau dominiert und die andern psychischen Komplexe in seinen Bereich zieht, in allen Beziehungen des Erwerbes von Nahrung. Der Nahrungstrieb wird so sehr vorherrschen, daß er in allen persönlichen und sozialen Beziehungen zum Ausdrucke kommen kann, als Feinschmeckerei, als Erwerbseifer, als Sparsamkeit und Geiz usw. So auch bei den anderen minderwertigen Organen, die zu einem ausgebreiteteren, abgestufteren Empfindungsleben führen und zu einer sorgfältigeren und richtigeren Abtastung und Abschätzung der Welt, soweit sie dem betreffenden Organ zugänglich ist.

Durch diesen Vorgang bilden sich *psychische Achsen aus,* nach welchen das Individuum gerichtet ist, immer in Abhängigkeit von einem oder mehreren minderwertigen Organen. Auch im Traume und in der Phantasie, in der Berufswahl und in der Neigung wird das intensivere Streben eines speziellen Organs nach Bewältigung seiner Aufgabe bemerkbar. Die primitive Organbetätigung (Trieb) ist besonders beim minderwertigen Organ häufig mit Lust verknüpft. Darauf weisen manche der Kinderfehler mit solcher Deutlichkeit hin, daß sie mit Unrecht als sexuelle Betätigung angesehen wurden. Kehrt nun, wie fast regelmäßig im Traume, in der Phantasie der primitive Trieb des Organs immer wieder, so müssen wir auch hier (unter anderem) eine Forderung nach diesem Lustgewinn erblicken. Wenn man diesen Gedanken weiter verfolgt, so gelangt man schließlich zur Vermutung, *daß der psychische Organüberbau größtenteils Ersatzfunktion besitzt für die Mängel des Organs, um im Verhältnisse zur Außenwelt seinen Aufgaben zu genügen.*

Hier rührt die Organminderwertigkeitslehre an Probleme der Philosophie. So in der Frage der geistigen Entwicklung, für die eine Kontinuität sichtbar wird gleichwie für die Triebe und Charakteranlagen. Und dies beim einzelnen wie bei der Gesamtheit. Ist Philosophie die wissenschaftliche Zusammenfassung aller Beziehungen psychischer Leistungen, so wird es begreiflich, daß die jeweilige Stufe des Denkens, damit auch der jeweilige Stand der Philosophie durch die Abänderung der Organe und durch die zu leistende Gehirnkompensation bedingt ist. Ihre Entwicklung und Änderung der Grundlagen ist demnach begründet in der Entwicklung und Änderung des Überbaus der variierenden Organe. Da letztere den Anstoß zu ihrer Minderwertigkeit aus der umgebenden Außenwelt erleiden, so erfolgen die Änderungen der Außenwelt, Organminderwertigkeit und entsprechende, verbessernde Hirnkompensation mit wechselseitiger Beeinflussung.

Auch auf die Entstehung hochkultivierter *psychomotorischer Leistungen,* auf Herkunft und Entwicklung der Sprache, der Künste auf das Wesen des Genies, auf die Geburt philosophischer Systeme und Weltanschauungen scheint mir diese Betrachtungsweise anwendbar, und ich hoffe von ihr, daß sie sich auch bei der Erfindung neuer Aufgaben und ihrer Lösungen bewähren wird. Sie zwingt uns, vielleicht deutlicher als jede andere Betrachtungsweise, die Klippen der Abstraktion zu vermeiden und die Erscheinungen im Zusammenhange und im Flusse zu beobachten. In der medizinischen Wissenschaft bin ich dieser Betrachtungsweise nachgegangen. Vielleicht darf ich hoffen, daß meine bescheidene Anregung auch anderwärts Anklang findet.

Das in der Gehirnkompensation gegründete Weltbild kann sich nicht schrankenlos entfalten. Weder in seinen Trieben, noch in seinem bewußten und unbewußten Anteil ist es frei. Sondern seine Äußerungen sind durch das soziale Milieu, durch die Kultur, eingeschränkt, die durch das Mittel des Selbsterhaltungstriebs und des Persönlichkeitsideals nur dann den Äußerungen der Psyche die Entfaltung gestattet, wenn sie sich dem Rahmen der Kultur einfügen können. Auch in diesem Falle gestattet sich der verstärkte Überbau des minderwertigen Organs andere, oft neue und wertvolle Betriebsweisen. Allerdings oft auch krankhafte wie bei den Neurosen.

Ein junger Mann aus reichem Hause kam wegen Angst- und Zwangsvorstellungen in die Behandlung. Zudem litt er an Appetitmangel und Verdauungsbeschwerden, für die sich eine organische Ursache nicht nachweisen ließ. Als minderwertig konnte in erster Linie der Ernährungstrakt entlarvt werden. Entsprechend der eingangs angeführten Skizze meiner Organminderwertigkeitslehre lassen sich folgende Daten beibringen:

1. Frühere Erkrankung des Patienten, Magen- und Darmstörungen bedrohlicher Natur im ersten und zweiten Lebensjahr.

2. Heredität. Der Großvater väterlicherseits starb an Magenkrebs. Der Vater ist ein starker Esser, sehr geiziger Charakter, der es durch seilten intensiven Erwerbssinn zu großem Reichtum gebracht hat. Die Mutter leidet an hysterischen Magendarmbeschwerden. Die Geschwister zeigen Züge von Geiz und sind fast ausnahmslos starke Esser; Darmerkrankungen sind bei ihnen öfters verzeichnet. 3. *Periphere Degenerationszeichen:* Auffallender Schief stand der Zähne,

Prognathie. *4. Kinderfehler:* Daumenlutscher bis ins hohe Kindesalter. — Ein Detail aus seiner Individualpsychologie soll uns den geistigen Grundcharakter des Patienten und dessen Verwandlung zeigen. Eines Tages überbrachte der Patient einem Wohltätigkeitsvereine in Mariahilf ein Geschenk von 200 Kronen. Dies erzählte er mir anschließend an die Mitteilung, daß er sich heute wieder besonders schlecht befinde. *Er* fährt dann fort: »Vielleicht habe ich mich so schlecht befunden, weil ich schon hungrig war, als ich in Mariahilf die Spende abgab. Es war bereits Mittag vorüber, und ich hatte noch nicht gegessen. Für 12 Uhr hatte ich eine Zusammenkunft in einem (nebenbei bemerkt teuren) Restaurant vereinbart und ging nun in schlechter Verfassung den (langen) Weg in die Stadt.« — Die Erklärung für das nervöse Unbehagen ergab sich leicht. Wer diese Erzählung anhört, hat in den Ohren ein Gefühl wie bei einer Dissonanz. Ein reicher Mann, der reichlich zu schenken pflegt, in vornehmen Restaurants speist, starkes Hungergefühl hat und zu Fuß einen längeren Spaziergang macht — darin liegt wohl eine starke Unstimmigkeit, die sich nur ausgleichen läßt, wenn wir annehmen, der Patient sei ebenso geizig wie sein Vater, seine hohe Kultur gestatte ihm aber nicht, von diesem Geiz Gebrauch zu machen. Nur wo er nicht gegen die Kultur verstößt — Ersparnis von einigen Hellern, die er, wenn es nötig ist, mit gesundheitlichen Gründen rechtfertigen kann —, ist die Äußerung dieser Anlage möglich. Sonst benimmt er sich äußerst freigebig, nicht ohne seine Freigebigkeit jedesmal mit einem nervösen Anfall zu bezahlen.

Der Fall ist imstande, uns über die Grenzen psychischer und motorischer Äußerungen der Kompensation zu belehren, die *durch die Kultur der anderen,* durch das Gemeinschaftsgefühl gegeben sind. Gleichzeitig zeigt er uns die (scheinbare) Vererbbarkeit psychischer Eigenschaften auf Grundlage der minderwertigen Organe. Nebenbei kann ich an diesem Fall zeigen, was *Freud* in Wien unter dem *»Verdrängungsmechanismus«* meint. Wie aus der Organminderwertigkeitslehre hervorgeht, zielt der Verdrängungsmechanismus auf eine Hemmung des Überbaus minderwertiger Organe und seiner Äußerungen; er ist gleichsam die Bremsvorrichtung bei der Entwicklung unbrauchbarer oder noch nicht reifer Betriebsweisen aus der Überkompensation. Daß dabei eine Charakteranlage, ein Trieb, ein Wunsch, eine Vorstellung in die Kontraststellung geraten, sich durch ihre Antithese äußern, stellt einen Spezialfall vor und erinnert einigermaßen an die Hegelsche Dialektik.

Sucht sich aber die Überkompensation in kultureller Weise geltend zu machen, schlägt sie neue, wenn auch schwierige und oft gehemmte Wege ein, so kommt es zu den ganz großen Äußerungen der Psyche, wie wir sie dem Genie zusprechen müssen. *Lombroso* hat sich in seiner Lehre vom Genie an die Mischfälle gehalten und ist dadurch zu seiner unrichtigen Auffassung des pathologischen Genies gekommen. Nach unseren Darlegungen ist das minderwertige Organ keine pathologische Bildung, wenngleich es die Grundbedingung des Pathologischen vorstellt. Der Antrieb zur Gehirnkompensation kann in günstigen Fällen mit Überkompensation enden, der alles Krankhafte fehlt.

Das Schicksal der Überkompensation ist an mehrere Bedingungen geknüpft, also überbestimmt. Als dieser Bedingungen eine haben wir die Schranken der Kultur, das Gemeinschaftsgefühl kennengelernt. Eine andere Determination ist die Ankettung des dominierenden Überbaus an andere psychische Felder, des visuellen Überbaus an den akustischen, an den Überbau der Sprachorgane. Diese mehrfachen Kompensationen, ihre Verschränkungen und gegenseitigen Hemmungen geben eigentlich erst das Bild der Psyche, deren Analyse uns wieder Grade der Kompensationen, Innigkeit und Gegensätzlichkeit in ihrer Verknüpfung und der einschränkenden Einflüsse der Kultur erkennen läßt. Besonders zu Unfällen geneigt sind starke Verknüpfungen mit hochentwickelten Betätigungsneigungen, die, nach meinen Untersuchungen, den Überbau der Primärtriebe verbindend zur Entwicklung kommen, und ebenso dominierende Einflüsse des Ehrgeizes und Machtstrebens; beide sind allerdings bei günstiger Konstellation unter Leiden zu den bedeutendsten Leistungen ausersehen.

Als dritte Bedingung für das Schicksal einer Überkompensation ist ihre Widerstandsfähigkeit oder Hinfälligkeit zu betrachten. Recht häufig mißlingt der Natur die Korrektur des minderwertigen Organs, sie schafft dann leicht vergängliche, den Angriffen leicht erliegende Kompensationen. Unfähigkeit, Neurose, psychische Erkrankungen, kurz pathologische Gestaltungen können dabei zutage kommen. Ein kleiner Ausschnitt aus der Analyse der Paranoia mag ein Bild davon geben. Die Überkompensation des minderwertigen Sehapparates spielt neben der anderer Apparate eine hervorragende Rolle. Der Schautrieb z. B. ist bei einem großen Teile der Paranoiker zu großer Entwicklung gelangt und hat alle Sehmöglichkeiten der Welt erschöpft. Da tritt eine ungünstige Konstellation, eine Niederlage ein, die Schwäche der Überkompensation äußert sich in halluzinatorischen Ausbrüchen, visuellen Erscheinungen, die den Verstand konstituierenden Kräfte zeigen bald eine ähnliche Hinfälligkeit, der Patient *sieht sich als das Objekt des Schautriebs anderer,* und die Konstituierung des Größen- und Verfolgungswahns nimmt unter Anknüpfung an die Anlagen des Aggressionstriebs ihren Anfang. Das Gegenstück soll ein winziger Ausschnitt aus der *Psyche eines Dichters* zeigen, den ich dem Wiener Schriftsteller *Rank,* einem Kenner meiner Anschauungen verdanke. Ich muß vorausschicken, daß ich insbesondere dem dramatischen Dichter eine besondere und eigenartige Überkompensation des Sehorgans zusprechen muß, in der seine szenische Kraft, die Auswahl und Gestaltung seiner Stoffe, begründet ist. In dem Drama vom *Schützen Tell* finden wir eine gehäufte Zahl von Anknüpfungen an die Überkompensation des Sehapparates, einzelne Wendungen, Gleichnisse, die das Auge in seiner Funktion betreffen. (Auch die Volksmythen haben sich seit undenklichen Zeiten dieser Erscheinung des minderwertigen Apparates und seiner Überkompensation bemächtigt, und der Mythos vom *blinden Schützen,* der immer sein Ziel trifft, dürfte mit der Teilsage einige Verwandtschaft besitzen.) — Für die Beziehung des Dramatikers Schiller zum Sehapparat und zu seinen Funktionen will ich noch auf die Blendung Melchthals und den Hymnus auf das Licht der Augen im »Tell« hinweisen. Was das Sehorgan des Dichters anlangt, kann ich mich darauf berufen, daß er schwache Augen hatte, an Augenentzündungen litt und den Kinderfehler des *Blinzeins* bis zum Mannesalter besaß. Für die Jagd hatte er großes Interesse. *Weltrich* erzählt, und dies wäre für die Heredität bemerkenswert, daß die Familie Schiller ihren Namen wegen des Schielens erhalten habe. — Ich erwähne dies kleine abschließende Detail nicht zum Zwecke einer Kunstbetrachtung, sondern um auf die Beziehungen des Künstlers zum minderwertigen Organ aufmerksam zu machen.

Es darf uns nicht wundernehmen, daß die Merkmale des minderwertigen Sehapparates insbesondere bei Malern eine große Rolle spielen. Ich habe in meiner Schrift einiges darüber mitgeteilt. *Guernico da Centa,* 15. Jahrhundert, erhielt seinen Namen, weil er schielte. *Piero de la Francesca* soll nach Angabe Vasaris im Alter erblindet sein. Ihm wird besonders die Kunst der Perspektive nachgerühmt. Von neueren ist *Lenbach* zu erwähnen, der einäugig war, der ungemein kurzsichtige *Mateyko, Manet,* der astigmatisch war, usw. Untersuchungen in Malerschulen haben ca. 70% Augenanomalien ergeben.

Daß Redner, Schauspieler, Sänger die Zeichen der Organminderwertigkeit aufweisen, habe ich sehr häufig gefunden. Von *Moses* berichtet die Bibel, er habe eine schwere Zunge besessen, seinem Bruder *Aron* war die Gabe der Rede verliehen. *Demosthenes,* der Stotterer, wurde zum größten Redner Griechenlands, und von *Camille Demoulin,* der im gewöhnlichen Leben stotterte, berichten seine Zeitgenossen, daß seine Rede wie geschmolzenes Gold dahinfloß.

Ähnlich bei den Musikern, die ziemlich oft an Ohrenleiden erkranken. *Beethoven, Robert Franz, Smetana,* die das Gehör verloren, seien als bekannte Beispiele hierher gesetzt. — *Klara Schumann* berichtet aus ihrem Leben über kindliche Gebrechen der Hör- und Sprachfähigkeit.

Weit entfernt, all diese Details als vollen Beweis anbieten zu wollen, bezwecken diese Ausführungen bloß, die Aufmerksamkeit der Leser auf den weiten Rahmen der Organminderwertigkeitslehre und auf ihre Beziehungen zur Philosophie, Psychologie und Ästhetik zu lenken.

Der Aggressionstrieb im Leben und in der Neurose

Nach mancherlei tastenden Versuchen gelangte ich zur Anschauung, das Entscheidendste im Leben des Kindes und des Erwachsenen sei seine Stellung zu den vor ihm liegenden Aufgaben. Wie einer diese Aufgaben anpackt, daran kann man ihn erkennen. Diese seine Haltung hat immer etwas Angreifendes. Erst in weiterer Entwicklung können Züge des Zuwartens oder des Ausweichens hinzutreten. Ich nannte die Summe dieser Erscheinungen den »Aggressionstrieb«, um zu bezeichnen, daß der Versuch einer Bemächtigung, einer Auseinandersetzung damit zur Sprache käme. Die folgende Abhandlung soll als Versuch einer programmatischen Darstellung des *Aggressionstriebes,* seines Schicksals und seiner Phasen, von dem ich behaupten muß, daß er auch den Erscheinungen der Grausamkeit, der Herrschsucht, des Sadismus zugrunde liegt, gelten. —

Bisher ging jede Betrachtung des Sadismus und Masochismus von *sexuellen* Erscheinungen aus, denen Züge von Grausamkeit beigemischt waren. Die treibende Kraft stammt aber bei Gesunden, Perversen und Neurotikern (s. u.) offenbar *aus zwei, ursprünglich gesonderten Trieben,* die späterhin eine *Verschränkung* erfahren haben, derzufolge das sadistisch-masochistische Ergebnis zwei Trieben zugleich entspricht, dem Sexualtrieb und dem Aggressionstrieb. Ähnliche Verschränkungen finden sich im Triebleben Erwachsener regelmäßig vor. So zeigt sich der Eßtrieb mit dem Sehtrieb, mit dem Riechtrieb (s. die Ergebnisse *Pawlows),* der Hörtrieb mit dem Sehtrieb (audition coloree, musikalische Begabung), kurz jeder auffindbare Trieb mit einem oder mehreren der übrigen Triebe verknüpft, eine Verschränkung, an denen zuweilen auch der Harn- oder der Stuhltrieb ihren Anteil haben. Dabei soll uns »der Trieb« nichts mehr als eine Abstraktion bedeuten, eine Summe von Elementarfunktionen des entsprechenden Organs und seiner zugehörigen Nervenbahnen, deren Entstehung und Entwicklung aus dem Zwang der Außenwelt und ihrer Anforderungen abzuleiten sind, deren Ziel durch die Befriedigung der Organbedürfnisse und durch den Lusterwerb aus der Umgebung bestimmt ist. In allen auffälligen Charakterbildern, deren Gesamtphysiognomie stets das Resultat einer Triebverschränkung ist, wobei *einer oder mehrere der Triebe die Hauptachse der Psyche* konstituieren, spielt der *Sexualtrieb* eine hervorragende Rolle. Die Ergebnisse einer großen Zahl von Untersuchungen gesunder, neurotischer, perverser Personen, lebender und verstorbener Künstler und Dichter lassen in Betracht ihres Trieblebens und seiner Äußerungen folgende, stets erweisbare Tatsachen erkennen:

1. Die Kontinuität jedes Triebes und seine Beziehung zu anderen Trieben ist für das ganze Leben sowie über das Leben des Individuums hinaus, in seiner Heredität, mit Sicherheit festzustellen. Dieser Gesichtspunkt hat für viele Fragen der Charakterbildung und ihrer Vererbung, für Familien- und Rassenprobleme, für die Psychogenese der Neurosen, des künstlerischen Schaffens und der Berufswahl, des Verbrechens eine große Bedeutung.

II. Was von den Trieben ins Bewußtsein dringt, sei es als Einfall, Wunsch, Willensäußerung, ebenso was für die Umgebung in Worten oder Handlungen deutlich wird, kann entweder in direkter Linie aus einem oder mehreren der Triebe abstammen und dabei kulturelle Umwandlungen, Verfeinerungen und Spezialisierungen (Sublimierung *Nietzsches, Freuds)* erfahren haben. Oder der Trieb wird in seiner Ausbreitungstendenz, mittels der er bei stärkerer Ausbildung unumschränkt alle Beziehungsmöglichkeiten zur Umgebung ausschöpft und geradezu weitumfassend auftritt, an einer *durch das angeborene Gemeinschaftsgefühl* bestimmten oder durch einen zweiten Trieb geschaffenen Schranke gehemmt. (Hemmung des Schautriebs in bezug auf Fäkalien etwa; Hemmung des Eßtriebs bei seiner Richtung auf schlecht riechende Speisen; — Hemmung des Schautriebs bei Kampf gegen Sexualerregungen.) — Diese Triebhemmung ist als eine aktive psychische Leistung anzusehen und führt bei starken Trieben zu ganz charakteristischen Erscheinungen, und dies um so mehr, je mehr von der Triebkraft durch dauernden psychischen Kraftaufwand gezügelt werden muß. Der *Triebhemmung im Unbewußten aber entsprechen im Bewußtsein charakteristische Erscheinungen,* unter denen vor allem durch die Individualpsychologie aufgedeckt werden:

1. Verkehrung des Triebes in sein Gegenteil (z. B. dem Eßtrieb im Unbewußten entspricht eine Andeutung von Nahrungsverweigerung im Bewußtsein; fast analog damit — dem Geiz oder Futterneid entsprechend: Freigebigkeit). Das Kind hat die Bedeutung dieser Triebbefriedigung für die Ruhe der Eltern erkannt und beginnt durch zweckmäßige Verwendung und Variation der Triebrichtung ein Geschäft *im Interesse seines Machtgefühls* zu machen.

2. Verschiebung des Triebes auf ein anderes Ziel (der Liebe zum Vater folgt die Zuneigung zum Lehrer, zum Arzt, zum Freund oder zur Menschheit. Ist der Sexualtrieb betroffen, so resultieren angebliche Perversionen, in Wirklichkeit Verschiebungen auf ein anderes Ziel *durch Ausschaltung der Norm,* wie Homosexualität).

3. *Richtung des Triebs auf die eigene, dadurch höher gewertete Person durch Verstärkung des Persön-lichkeitsgefühls. (Der Schautrieb* wandelt sich in den Trieb, selbst angeschaut zu werden. Wurzel des Exhibitionismus in jeder Form, auch des Beachtungs-, Größen-, Verfolgungswahns. Das Kind wird nicht heimisch in unseren Verhältnissen und beginnt an Angst zu leiden.) Eine wichtige Abart des auf die eigene Person gerichteten Triebes bildet das »nach innen Schauen oder Hören«, mit Erinnerung, Phantasie, Intuition, Introspektion, Ahnung, Illusion, Halluzination, Angst und Einfühlung im Zusammenhang. In stärkerer Ausprägung immer auch ein Zeichen verhinderter Verknüpfung mit der Außenwelt und mangelnden Gemeinschaftsgefühls. Die Entwicklung des letzteren wird durch die Eigenliebe gehindert. Darauf erfolgt der *Ausschluß* gewisser, normaler Bindungen. Nun kommen Erscheinungen zustande wie Menschenscheu, Berufsangst, Liebes- und Ehescheu, vertiefte sekundäre Bindungen an Natur, Wissenschaft, Geld, Amt, Beruf und Sonderbarkeiten. Diese alle zwecks Ausschaltung der normal erwarteten Aggressionen. *Jung, Pfister* und andere haben diese Feststellungen später aufgegriffen und als »Introversion« bezeichnet. *Freud* hat im Jahre 1915 das Triebleben in ähnlicher Weise charakterisiert.

4. *Verschiebung des Akzents auf einen zweiten starken Trieb,* der oft auch in der Form I zur Äußerung kommt. (Geschieht, wenn der Ehrgeiz, die Eitelkeit nicht befriedigt werden. Wissenstrieb wird durch nichtbefriedigten Ehrgeiz auf Abenteuerlust, Vagabundage abgelenkt.)

III. Die Individualpsychologie läßt uns jeden der Triebe auf eine primäre Organbetätigung zurück-führen. Diese primären Organbetätigungen umfassen die ungehemmten Leistungen der Sinnesorgane, des Ernährungstraktes, des Atmungsapparates, der Harnorgane, der Bewegungsapparate und der Sexualorgane. Die Betätigung des Trieblebens ist mit dem Gefühl der Lust, die Verhinderung mit dem der Unlust verbunden. Der Begriff *»sexuelle Lust«* kann nur den Empfindungen des Sexualapparates zugesprochen werden; später kann durch die früher erwähnte »Triebverschränkung« jedes Organgefühl mit der Erotik verknüpft *erscheinen.* Der *psychische Überbau* entsteht durch die Hemmungen der Kultur und durch die Mangelhaftigkeit der Organe, welche nur bestimmte Wege für die Lustgewinnung, Lebenserhaltung und Expansion als statthaft gelten lassen. In diesem Überbau, dessen organisches Substrat aus Teilen der zu- und abführenden Nervenfasern und aus Nervenzellen besteht, die mit dem Organ in Verbindung stehen, liegen die Möglichkeiten und Fähigkeiten zu bestimmten Leistungen des Gesunden und des Neurotikers, und dieser bis zu einem gewissen Grade und Alter entwicklungsfähige Apparat gedeiht in der Regel so weit, daß er auf irgendeine Weise dem Begehren des Organs, d. i. dem Triebe des Organs nachzukommen in der Lage ist. Er hat demnach die Tendenz, entsprechend der durch die Lebensaufgabe gesteigerten Triebstärke zu wachsen, um seine Befriedigung durchzusetzen. Dabei vollzieht sich die Anpassung der Technik seiner Leistungen an die Kultur aus egoistischen oder altruistischen Motiven, was freilich durch die Auslese und weitgehende Blutvermischung, durch die Heredität also, sehr vereinfacht ist. Immerhin hat das Zentralnervensystem, der psychische Überbau der Organe, in diesem Sinne die Ersatzfunktion für den Ausfall der primären Leistung des Organs übernommen, das beim Menschen im allgemeinen den Anforderungen der Natur nicht gewachsen ist.

Je stärker also ein Trieb ist, um so größer ist auch die Tendenz zur Ausbildung und Entwicklung des entsprechenden Organüberbaus. Wie diese Überentwicklung zustande kommt, was sie im Kampfe gegen die Außenwelt gewinnt, wie es dabei zur Verdrängung, notwendiger Konstellation (Ehrgeiz oder Gemeinschaftsgefühl gegen Freßtrieb beispielsweise) und zur

Kompensationsstörung (Psychosen) kommt, habe ich in meiner »Studie über Minderwertigkeit von Organen« geschildert. Desgleichen wie durch den Zwang der Außenwelt einerseits, durch den starken Trieb andererseits das Organ genötigt wird, neue Wege, eine neue, oft höhere Betriebsweise zur Befriedigung seiner Bedürfnisse einzuschlagen. *Auf diesem Wege vollzieht sich die Ausbildung des künstlerischen, des genialen Gehirns, ebenso aber auch, wenn die Kompensation dem Bedürfnis nicht gewachsen ist, sie nicht siegreich umgeht, die Ausbildung der Neurose.*

Die Heredität der Organwertigkeit hinwiederum, sowie die mit ihr zusammenhängende Heredität der Triebstärke, die beide sichergestellt sind, lassen erraten, daß in einer längeren Ahnenreihe bereits ein erhöhter Kampf um die Behauptung des Organes im Gange war. Daß dieser Kampf nicht ohne Schädigung abläuft und daß den in der Ahnenreihe geschädigten Organen *eine Keimanlage in der Deszendenz entspricht, die einerseits Spuren dieser Schädigung [Hypoplasie, Infantilismus, Eunuchoidismus (Tandler, Grosz), dysglandulärer Typus (Kretschmer) usw.], andererseits Kompensationstendenzen (Hyperplasie) zeigt,* läßt sich aus der Biologie, aber auch aus der Kasuistik entnehmen. Heute, nach den uralten Kämpfen der Menschheit, haben wir es mit derartig veränderten Keimanlagen zu tun, und jedes Organ wird den Stempel der Gefahren und Schädigungen seiner Ahnenreihe an sich tragen. *(Grundlagen der Physiognomik.)* Da hauptsächlich die Spannung zwischen Organmaterial und Trieb einerseits, den Anforderungen der Außenwelt andererseits die »relative« Organwertigkeit bestimmt, so wird die größere Schädigung in der Ahnenreihe (Krankheit, Überanstrengung, Überfluß, Mangel) das Organ zu einem minderwertigen machen, d. h. zu einem solchen, dem die Spuren dieses Kampfes in erheblichem Maße anhaften. — Diesen Spuren bin ich nachgegangen und habe *am Organe als solchem* nachgewiesen: Erkrankungstendenz, Erkrankungen am Stammbaum, Degenerationszeichen und Stigmen, hypoplastische und hyperplastische Bildungen, Kinderfehler und Reflexanomalien. *So wird uns die Organuntersuchung eine wichtige Handhabe zur Aufdeckung der Triebstärke:* das minderwertige Auge hat den größeren Schautrieb, der minderwertige Ernährungstrakt den größeren Eß- und Trinktrieb, das minderwertige Sexualorgan den stärkeren Sexualtrieb. —

Nun bedingen diese zur Befriedigung drängenden Triebe und ihre Stärke die Stellung des Kindes zur Außenwelt. Seine ganze psychische Welt und seine psychischen Leistungen gehen aus dieser gegenseitigen Relation hervor, und wir können die höheren psychischen Phänomene der Kindesseele sehr bald im Zusammenhang mit dieser Anspannung aufsprießen sehen. *Der Schautrieb (und der Hörtrieb) führen zur Neugierde und Wißbegierde, in ihrer Richtung auf die eigene Person zu Eitelkeit und kindlichem Größenwahn, bei ihrer Verkehrung ins Gegenteil zu Schamgefühl und Schüchternheit; der Eßtrieb gestaltet den Futterneid, Geiz, die Sparsamkeit, gegen die eigene Person gewendet Bedürfnislosigkeit, bei Verkehrung ins Gegenteil, Freigebigkeit usw.* Und dies um so deutlicher und mannigfaltiger, je stärker der Trieb entwickelt ist, so daß das minderwertige Organ zumeist alle Möglichkeiten seiner Betätigung ausschöpft und alle Phasen seiner Triebverwandlung durchmacht. Denn auch der Zusammenstoß mit der Außenwelt, sei es infolge unlustbetonter Erfahrungen, sei es infolge der Ausbreitung des Verlangens auf kulturell verwehrte Güter, *erfolgt beim minderwertigen Organ mit unbedingter Gewißheit und erzwingt dann die Triebverwandlung.* Die Bedeutung des infantilen Erlebnisses *(Freud)* für die Neurose ist deshalb in der Richtung zu reduzieren, *daß in ihm der starke Trieb und seine Grenzen (als Wunsch und dessen Hemmung) mit größter Deutlichkeit zur Anschauung kommen und daß das meist vergessene Erlebnis wie ein Wächter im Unterbewußten die weitere nötige Ausbreitung des Triebverlangens auf die Außenwelt verhindert (infantile Psyche des Neurotikers) und allzu starke Triebverwandlung (Askese) erzwingt.* Um kurz zu sein, das Schicksal des Menschen, damit auch *die Prädestination zur Neurose, liegt, wenn wir an dem Gedanken eines gesellschaftlich durchschnittlichen, gleichmäßigen Kulturkreises und ebensolcher Kulturforderungen festhalten, in der Minderwertigkeit des Organs ausgesprochen.*

Nun finden wir schon im frühen Kindesalter, wir können sagen vom ersten Tage an (erster Schrei) eine Stellung des Kindes zur Außenwelt, die nicht anders denn als *feindselig* bezeichnet werden kann. Geht man ihr auf den Grund, so findet man sie bedingt durch die Schwierigkeit, dem Organ die Befriedigung zu ermöglichen. Dieser Umstand sowie die weiteren Beziehungen der feindseligen, kämpferischen Stellung des Individuums zur Umgebung lassen erkennen, daß der Trieb zur Erkämpfung einer Befriedigung, den ich »*Aggressionstrieb*« nennen will, nicht mehr unmittelbar dem Organ und seiner Tendenz zur Lustgewinnung anhaftet, sondern, daß er dem Gesamtüberbau angehört und ein übergeordnetes, die Triebe verbindendes psychisches Feld darstellt, in das — *der einfachste und häufigste Fall von Affektverschiebung* — die unerledigte Erregung einströmt, sobald einem der Primärtriebe die Befriedigung verwehrt ist. Den stärkeren Trieben, also der Organminderwertigkeit, entspricht normalerweise auch der stärkere Aggressionstrieb, und er bedeutet uns eine Summe von Empfindungen, Erregungen und deren Entladungen, deren organisches und funktionelles Substrat dem Menschen angeboren ist. Ähnlich wie bei den Primärtrieben wird die Erregung des Aggressionstriebes durch das Verhältnis von Triebstärke und Anforderungen der Außenwelt eingeleitet, das Ziel desselben durch die Befriedigung der Primärtriebe und durch Kultur und Anpassung gesteckt. Das labile Gleichgewicht der Psyche wird immer wieder dadurch hergestellt, daß der Primärtrieb durch Erregung und Entladung des Aggressionstriebes zur Befriedigung gelangt, eine Leistung, bei der man normalerweise beide Triebe an der Arbeit sieht (z. B. Eßtrieb und Aggressionstrieb: Jagd). Am stärksten wird der Aggressionstrieb von solchen Primärtrieben erregt, deren Befriedigung nicht allzu lange auf sich warten lassen kann, also vom Eß- und Trinktrieb, zuweilen vom Sexualtrieb und vom Schautrieb, der auf die eigene Person gerichtet ist (aus Eitelkeit und Machtstreben), insbesondere dann, wenn diese Triebe wie bei Organminderwertigkeit erhöht sind. Ein gleiches gilt von körperlichen und seelischen Schmerzen, von denen ein großer Teil indirekt (Triebhemmung) oder direkt (Erregung von Unlust) die primäre lustvolle Organbetätigung hindert. Ziel und Schicksal des Aggressionstriebes stehen wie bei den Primärtrieben unter der Hemmung des *Gemeinschaftsgefühls;* ebenso finden wir die gleichen Verwandlungen und Phasen wie bei ihnen. Zeigt sich im Kämpfen, Raufen, Schlagen, Beißen, grausamen Handlungen *der Aggressionstrieb in seiner reinen Torrn,* so führen Verfeinerung und Spezialisierung zu Sport, Konkurrenz, Duell, Krieg, Herrschsucht, religiösen, sozialen, nationalen und Rassenkämpfen. *(Lichtenberg sagt ungefähr:* »Es ist merkwürdig, wie selten und ungerne die Menschen nach ihren religiösen Geboten leben und wie gerne sie für dieselben kämpfen.«) — *Umkehrung des Aggressionstriebs gegen die eigene Person* ergibt Züge von Demut, Unterwürfigkeit und Ergebenheit, Unterordnung, Flagellantismus, Masochismus. Daß sich daran hervorragende Kulturcharaktere knüpfen wie Erziehbarkeit, Autoritätsglaube, ebenso auch Suggestibilität und hypnotische Beeinflußbarkeit, brauche ich nur anzudeuten. Daß äußerste Extrem ist Selbstmord.

Wie leicht ersichtlich, *beherrscht der Aggressionstrieb die gesamte Motilität.* — Daß er auch die Bahnen des Bewußtseins beherrscht (z. B. Zorn) wie jeder Trieb und daselbst die Aufmerksamkeit, das Interesse, Empfindung, Wahrnehmung, Erinnerung, Phantasie, Produktion und Reproduktion in die Wege der reinen oder verwandelten Aggressionen leitet, daß er dabei die anderen Triebe, vor allem diejenigen der minderwertigen Organe, die den psychischen Hauptachsen zugrunde liegen, zu Hilfe nimmt und so *die ganze Welt der Aggressionsmöglichkeiten* antastet, kann man bei einigermaßen starkem Triebleben regelmäßig beobachten. Ich habe in solchen Fällen unter anderem immer *telepathische Fähigkeiten und Neigungen* beobachten können und bin auf Grund meiner Untersuchungen bereit, was an der Telepathie haltbar ist, auf den größeren Aggressionstrieb zurückzuführen, der die größere Fähigkeit verleiht, in der Welt der Gefahren zurecht zu kommen und das Ahnungsvermögen, *die Kunst der Prognose und Diagnose,* erheblich zu erweitern.

Ebenso wie die Schrecken der Weltgeschichte und des individuellen Lebens schafft der erregte, verhaltene Aggressionstrieb die grausamen Gestaltungen der Kunst und Phantasie. Die Psyche der *Maler, Bildhauer und insbesondere des tragischen Dichters,* der mit seinen Schöpfungen »Furcht und Mitleid« erwecken soll, zeigt uns die Verschränkung ursprünglich starker Triebe, der Seh-, Hör- und Tasttriebe, die sich auf dem Umweg über den Aggressionstrieb in hochkultivierten Formen durchsetzen und uns zugleich ein anschauliches Bild der Triebverwandlung liefern.

Eine große Anzahl von *Berufen* — von *Tätlichkeitsverbrechern* und *Revolutionshelden* nicht zu sprechen — schafft und erwählt sich der stärkere Aggressionstrieb. Die Richterlaufbahn, der Polizeiberuf, der Beruf des Lehrers, des Geistlichen (Hölle!), die Heilkunde und viele andere werden von Personen mit größerem Aggressionstrieb ergriffen und gehen oft kontinuierlich aus analogen Kinderspielen hervor. Daß sie vielfach, oft in erster Linie, der Triebverwandlung (Verkehrung ins Gegenteil z. B.) genügen, ist ebenso verständlich, wie die Flucht des Künstlers ins Idyll. Insbesondere sind die *kindlichen Spiele,* die Märchenwelt und ihre Lieblingsgestalten, der Sagenkreis der Völker, Heroenkultus und die vielen, vielen grausamen Erzählungen und Gedichte der Kinder- und Schulbücher vom Aggressionstrieb für den Aggressionstrieb geschaffen. Ein weites Reservoir zur Aufnahme des Aggressionstriebes bildet auch die *Politik* mit ihren zahllosen Möglichkeiten der Betätigung und der logischen Interpretation des Angriffes. Der Lieblingsheld Napoleon, das Interesse für Leichenzüge und Todesanzeigen, Aberglaube, Krankheits- und Infektionsfurcht, ebenso die Furcht vor dem Lebendigbegrabenwerden und das Interesse für Friedhöfe decken oft bei sonstiger Verdrängung des Aggressionstriebes das heimliche Spiel der lüsternen Grausamkeit auf, des grausamen, egoistischen Machtstrebens.

Entzieht sich der Aggressionstrieb durch Umkehrung gegen die eigene Person, durch Verfeinerung und Spezialisierung wie so oft unserer Erkenntnis, so wird die *Verkehrung in sein Gegenteil, die Antithese des Aggressionstriebs,* geradezu zum Vexierbild. *Barmherzigkeit, Mitleid, Altruismus,* gefühlvolles Interesse für das Elend stellen neue Befriedigung dar, aus denen sich der ursprünglich zu Grausamkeiten geneigte Trieb speist. Scheint dies verwunderlich, so ist doch leicht zu erkennen, daß nur derjenige wirkliches Verständnis für Leiden und Schmerzen besitzen kann, der ein ursprüngliches Interesse für die Welt von Qualen zu eigen hat, der *reuige Sünder;* und diese kulturelle Umwandlung wird sich um so kräftiger ausgestalten, je größer der Aggressionstrieb ist *(Tolstoi, Augustin).* So wird der Schwarzseher zum Verhüter von Gefahren, Kassandra zur Warnerin und Prophetin. Alle diese Erscheinungsformen des Aggressionstriebes, die reine Form, Umkehrung gegen die eigene Person, Verkehrung ins Gegenteil mit der äußerlich wahrnehmbaren Erscheinungsform der *Aggressionshemmung (Abulie; psychische Impotenz)* finden sich in den Neurosen und Psychosen wieder. Ich nenne nur *Wutanfälle und Attacken bei Hysterie, Epilepsie, Paranoia als reine Äußerung des Triebes, Hypochondrie, neurasthenische und hysterische Schmerzen, ja das ganze Krankheitsgefühl bei Neurasthenie, Hysterie, Unfallneurose, Beobachtungswahn, Verfolgungsideen, Verstümmelung und Selbstmord als Phasen der Umkehrung des Aggressionstriebes gegen die eigene Person, die milden Züge und Messiasideen der Hysteriker und Psychotiker bei Verkehrung ins Gegenteil.*

Anschließend an die Erörterung der Umkehrimgsform gegen die eigene Person muß ich noch eines Phänomens erwähnen, dem die größte Bedeutung in der Struktur der Neurose zukommt, *der Angst. Sie stellt eine Phase des gegen die eigene Person gerichteten Aggressionstriebes dar und ist nur mit der halluzinatorischen Phase anderer Triebe zu vergleichen.* Die verschiedenen Formen der Angst kommen zustande, indem sich der der Angst zugrunde liegende Aggressionstrieb verschiedener Systeme bemächtigen kann. So kann er das motorische System innervieren (Tremor, Schlottern, tonische, klonische Krämpfe, katatonische Erscheinungen; funktionelle Lähmungen als Aggressionshemmung), auch die Vasomotoren kann er erregen (Herzpalpitation, Blässe, Röte) oder andere Bahnen, so daß es zu Schweiß-, Stuhl-, Urinabgang, Erbrechen kommt oder zu Sekretionsverhinderung als Hemmungserscheinung (trockene Kehle). Strahlt er ins Bewußtsein aus, so erzeugt er koordinierte, den minderwertigen Bahnen entsprechende Bewußtseinsphänomene, wie Angst- und Zwangsideen, Sinneshalluzinationen, Aura, Traumbilder. — *Immer aber wird die Richtung auf das minderwertige Organ sowie auf seinen Überbau, auf Blase, Darm, Kehlkopf, Bewegungsapparat, Respirationsorgan (Asthma), Herzkreislauf innegehalten werden, so daß im Anfall die psychische Hauptachse des Erkrankten wieder in Erscheinung tritt. — (Im Schlaf, in der Bewußtlosigkeit und Absence der Hysterie und Epilepsie sehen wir den höchsten Grad der Aggressionshemmung). Der feindliche Charakter des Ängstlichen ist damit aufgedeckt. Sein dürftiges Gemeinschaftsgefühl hat ihn auf Erden nicht Wurzel schlagen lassen.*

Abgesehen von den Primärtrieben ist auch der *Schmerz* imstande, den Aggressionstrieb zu erregen, sowie auch, was aus dem Zusammenhang der Erscheinungen hervorgeht, der auf die eigene Person gerichtete Aggressionstrieb *sich der Schmerzbahnen bemächtigen kann*, um je nach Maßgabe der Organminderwertigkeit Migräne, Clavus, Trigeminusneuralgie, nervöse Schmerzen in der Magen-, Leber-, Nieren- und Appendixgegend, ebenso wie Aufstoßen, Gähnen, Singultus, Erbrechen, Schreikrämpfe zu erzeugen. In der psychologischen Analyse läßt sich als auslösende Ursache stets eine Triebhemmung nachweisen, und ebenso geht dem nervösen Schmerzanfall voraus oder folgt ihm nach ein *Aggressionstraum* mit oder ohne Angst. Oder das Bild wird durch vorübergehende oder dauernde Schlaflosigkeit variiert, als deren nächste Ursache der unbefriedigte Aggressionstrieb aufgedeckt werden kann. Insbesondere die motorischen Ausstrahlungen des Aggressionstriebes sind im *Kindesalter* ungemein deutlich. Schreien, Zappeln, sich zu Boden werfen, Beißen, Knirschen usw. sind einfache Formen dieses Triebes, die im neurotischen Anfall, insbesondere bei der Hysterie, nicht selten wiederzufinden sind.

Als wichtigster Regulator des Aggressionstriebes ist das dem Menschen angeborene *Geinemschaftsgefühl* anzusehen. Es liegt jeder Beziehung des Kindes zu Menschen, Tieren, Pflanzen und Gegenständen zugrunde und bedeutet die Verwachsenheit mit unserem Leben, die Bejahung, die Versöhntheit mit demselben. Durch das Zusammenwirken des Gemeinschaftsgefühls in seinen reichlichen Differenzierungen (Elternliebe, Kindesliebe, Geschlechtsliebe, Vaterlandsliebe, Liebe zur Natur, Kunst, Wissenschaft, Menschenliebe) mit dem Aggressionstrieb kommt die Stellungnahme, also eigentlich das Seelenleben des Menschen, zustande.

Das Zärtlichkeitsbedürfnis des Kindes

Das Studium nervöser Kinder und Erwachsener hat in den letzten Jahren die fruchtbarsten Aufschlüsse über das Seelenleben zutage gefördert. Nachdem erst die wichtig scheinende Vorfrage erledigt war, ob das Seelenleben gesunder und nervöser Personen qualitativ verschieden sei — eine Frage, die heute dahin beantwortet werden muß, daß die psychischen Phänomene beider auf die gleichen Grundlagen zurückzuführen sind —, konnte getrost der Versuch unternommen werden, die individualpsychologischen Ergebnisse bei nervösen Menschen an dem »normalen« Seelenleben zu messen. Da zeigt sich nun in gleicher Weise die grundlegende Bedeutung des *Trieblebens* für Aufbau und Zusammensetzung der Psyche sowie der große Anteil des Unbewußten am Denken und Handeln, der Zusammenhang des Organischen mit der Psyche, die scheinbare Kontinuität und Vererbbarkeit von Charakteranlagen, die volle Deutbarkeit des Traumlebens und seine Bedeutung, der große Anteil des Sexualtriebs und seiner Umwandlungen an den persönlichen Beziehungen und an der Kultur des Kindes, vor allem aber die Tatsachen des *Gemeinschaftsgefühls* und des *Machtstrebens* als jener Faktoren, die das Schicksal eines Menschen in erster Linie bestimmen.

Unter den äußerlich wahrnehmbaren psychischen Phänomenen im Kindesleben macht sich das Zärtlichkeitsbedürfnis ziemlich früh bemerkbar. Man hat darunter durchaus kein umgrenztes psychisches Gebilde zu verstehen, das etwa in der psychomotorischen Gehirnsphäre lokalisiert wäre. Sondern wir nehmen darin den Abglanz von mehrfachen Regungen des Gemeinschaftsgefühls, von offenen und unbewußten Wünschen wahr, Äußerungen von Instinkten, die sich stellenweise zu Bewußtseinsintensitäten verdichten. Abgespaltene Komponenten des Tasttriebs, des Schautriebs, des Hörtriebs, der Sexualität liefern in eigenartiger Verschränkung das auszuwählende Material. Das Ziel liegt in der befriedigenden Stellungnahme des Kindes zu seiner Umwelt. Und der erste unserer Schlüsse darf lauten: ein starkes Zärtlichkeitsbedürfnis des Kindes läßt unter sonst gleichen Umständen ein starkes Gemeinschaftsgefühl, aber auch ein starkes Machtstreben vermuten. — In der Regel — und vernünftigerweise — ist eine Befriedigung des Begehrens nach Zärtlichkeit nicht ganz umsonst zu erlangen. Und so wird das Zärtlichkeitsbedürfnis zum Hebel der Erziehung. Eine Umarmung, ein Kuß, eine freundliche Miene, ein liebevoll tönendes Wort sind nur zu erzielen, wenn sich das Kind dem Erzieher unterwirft, also auf dem Umweg über die Kultur. In gleicher Weise wie von den Eltern ersehnt das Kind Befriedigung vom Lehrer, später von der Gesellschaft. Das Zärtlichkeitsbedürfnis ist somit ein wesentlicher Bestandteil der sozialen Gefühle geworden. Die Stärke der Zärtlichkeitsregungen, der psychische Apparat, den das Kind in Szene setzen kann, um zur Befriedigung zu gelangen, und die Art, wie es die Unbefriedigung erträgt, machen einen wesentlichen Teil des kindlichen Charakters aus. — Die ursprünglichen Äußerungen des Zärtlichkeitsbedürfnisses sind auffällig genug und hinlänglich bekannt. Die Kinder wollen gehätschelt, geliebkost, gelobt werden, sie haben eine Neigung sich anzuschmiegen, halten sich stets in der Nähe geliebter Personen auf, wollen ins Bett genommen werden usw. Später geht das Begehren auf liebevolle Beziehung, aus der Verwandtenliebe, Freundschaft, speziellere Gemeinschaftsgefühle und Liebe stammen, je nach den Verlockungen, denen das Kind bei der Verfolgung seines Machtstrebens ausgesetzt war.

Begreiflicherweise hängt von einer richtigen Führung dieses *Gefühlskomplexes* ein großer Teil der Entwicklung ab. Und es ist bei dieser Betrachtung recht deutlich zu sehen, wie eine Teilbefriedigung des Trieblebens ein unerläßlicher Faktor der Kultur wird, ebenso wie der verbleibende unbefriedigte Triebkomplex den ewigen, immanenten Antrieb zu einer fortschrittlichen Kultur abgibt. Auch die fehlerhaften Richtungen, auf die das Zärtlichkeitsbedürfnis geraten kann, sind leicht zu ersehen. Der Impuls soll, ehe er zur Befriedigung gelangt, zum Umwege verhalten werden, er soll die Kultur des Kindes treiben. Dadurch werden Weg und Ziel des Zärtlichkeitsbedürfnisses auf eine höhere Stufe gehoben und die abgeleiteten, geläuterten Gemeinschaftsgefühle erwachen in der Seele des Kindes, sobald das Ziel Ersatzbildungen zuläßt, sobald an die Stelle des Vaters etwa der Lehrer, der Freund, der Kampfgenosse treten kann. Damit muß sich die

Ausdauer der Triebregung, die Toleranz für die Spannung eng verknüpfen. Die Entbehrung der Befriedigung soll nicht das psychische Gleichgewicht vernichten, soll nur die Energie wachrufen und die *kulturelle Aggressionsstellung* erzeugen. Bleibt dem Kinde der Umweg über die Kultur erspart, erlangt es nur Befriedigung primitiver Art, und diese ohne Verzögerung, so bleiben seine Wünsche stets auf sofortige, sinnliche Lust gerichtet. Seine Triebe zeigen sich dauernd *ungezähmt, unerzogen.* Dabei kommt ihm vielfach die Neigung der Eltern entgegen, deren Freude es sein mag, sich von sinnlos hätschelnden, kosenden Kindern umgeben zu sehen, folgend den Erinnerungsspuren ihrer eigenen Kindheit. — Bei derart erzogenen Kindern wird stets eine der *ursprünglichen* Formen der Befriedigung auffallend bevorzugt erscheinen. Auch die Entwicklung von Selbständigkeit, Initiative und Selbstzucht leidet Mangel. Der Idealzustand bleibt Anlehnung und Abhängigkeit von einer der geliebten Personen, Entwicklungshemmungen, die mit einer ganzen Schar abgeleiteter Charakterzüge das weitere Lebensbild beherrschen. Bald wird Schreckhaftigkeit, Neigung zur Angst auffällig, als Zeichen der mangelnden Verwachsenheit mit dem Leben, die sich in die Gedankenwelt und ins Traumleben fortsetzen. *Weibische* Züge im *schlechten Sinne* bekommen die Oberhand, und im extremen Falle baut sich die Psyche in falscher Richtung so weit vor, *bis der mutlose, masochistische, nervöse Charakter erreicht ist, der die Unversöhnlichkeit mit dem Leben verrät.*

Den Gegensatz liefert eine Erziehung, welche dem Zärtlichkeitsbedürfnis auch die kulturellen Befriedigungen entzieht und das Kind mit seiner Sehnsucht nach Liebe allein läßt. Von allen Objekten der Zärtlichkeit abgeschnitten, besitzt das Kind nur die eigene Person als Ziel seiner Sehnsucht, die Sozialgefühle bleiben rudimentär, und Befriedigungstendenzen erhalten die Oberhand, *die Eigenliebe in jeder Form* zum Inhalte haben. Oder das Kind gerät in die *Angriffsstellung.* Jeder unbefriedigte Trieb richtet den Organismus schließlich derart, daß er sich in Aggression zur Umgebung stellt. Die rauhen Charaktere, die zügellosen, unerziehbaren Kinder können uns darüber belehren, wie der dauernd unbefriedigte Zärtlichkeitstrieb die Aggressionsbahnen in Erregung bringt. Das Verständnis für den jugendlichen Verbrecher wird, meinen wir, durch diese Betrachtung wesentlich gefördert. Aber nicht immer geht die Reaktion bis zur Wirkung auf die Außenwelt. Die Aggressionsneigung kann eine Hemmung erleiden, die ursprünglich wohl im Sinne und unter dem Druck der Kultur einsetzt, später aber weitergreift und auch die kulturelle Aggression — Betätigung, Studium, Kulturbestrebungen — unmöglich machen, indem sie sie durch »des Zweifels Blässe« ersetzt. Auch bei dieser Entwicklungsanomalie finden wir an Stelle der Triebbefriedigung oder der kulturellen Aggression Verdrossenheit, Mangel an Selbstvertrauen und Angst als den Ausdruck der schlecht gelungenen Stellungnahme zu den Fragen des Lehrers, als Zeichen eines mangelhaften Gemeinschaftsgefühls. Daß viele dieser Kinder später der Neurose verfallen, darf uns nicht wundernehmen, ebensowenig, daß viele von ihnen als Charaktertypen oder eigenartige Individualitäten, zuweilen mit genialen Zügen ausgestattet, durchs Leben wandeln.

Hier schließt sich eine große Zahl pädagogischer Betrachtungen an. Mag jeder Erzieher daran prüfen und weiterarbeiten Nur hüte er sich, seine eigenen Wünsche und Gefühle in die Beweisführung hineinzutragen, wie es unmerklich zu geschehen pflegt, wenn man eine Materie bearbeitet, zu der uns eigene Erinnerungsspuren hinüberleiten. Und man bedenke, daß die Natur nicht engherzig vorgeht. Es wäre ein Jammer, wenn jeder Erziehungsfehler seine Folgen hätte. Für die Norm aber muß die Behauptung gelten: das Zärtlichkeitsbedürfnis des Kindes soll nicht zum Spiel allein, sondern vor allem mit kulturellem. Nutzeffekt befriedigt werden; und man sperre dem Kinde nicht die Zugänge zur Befriedigung seiner Zärtlichkeit, wenn es sie auf kulturellen Bahnen erreichen kann, denn sein Zärtlichkeitstrieb wurzelt im organischen Boden des Gemeinschaftsgefühls und zielt auf Selbstbehauptung.

Aber nicht nur die realen Mängel bei der Befriedigung des Zärtlichkeitsbedürfnisses kommen in erster Linie in Betracht. Bedeutsamer sind die subjektiven Voraussetzungen des Kindes von dem ihm gebührenden oder fehlenden Maß. Kennt man diesen wesentlichen Faktor, der die unbegrenzten Fehlerquellen des menschlichen Verstandes umfaßt, alle seine Irrtumsmöglichkeiten, so findet man, daß die *Verlockung* zu einem besonders hohen Ausmaß des Zärtlichkeitsbedürfnisses und -verlangens aus einem Mangel wie auch aus einem Übermaß der Befriedigung entstammen kann. Die unversöhnliche Stellungnahme zu den Menschen kommt dann auf die gleicht Weise zustande wie bei den Kindern mit angeborenen Organminderwertigkeiten.

Über neurotische Disposition

Die individualpsychologische Methode hat uns befriedigende Aufklärungen über das Wesen der Neurosen, über den Aufbau ihrer Symptome und über die Mittel einer souveränen Therapie gebracht. Das scheinbar sinnlose Verhalten der Neurasthenie, der Degenerationspsychose, der Zwangsneurose, der Hysterie, der Paranoia usw. erscheint verständlich und wohl determiniert. Die Leistungen genialer Menschen, verbrecherische Handlungen, Schöpfungen der Volkspsyche sind der psychologischen Analyse zugänglich und zeigen sich in ihrer psychischen Struktur vergleichbar mit dem Aufbau der neurotischen Symptome. Diese *Vergleichbarkeit* der psychologischen Ergebnisse und deren erstaunliche Identität geben dem Forscher eine solche Sicherheit auf dem nicht unschwierigen Gebiete der Neurosenlehre, daß er auch gegenüber starken Einwänden einer berufenen Kritik nicht aus dem Takte käme. Wieviel weniger gegenüber ungerechtfertigten Lamentationen oder unberufener Aburteilung!

Die starken Positionen in der Neurosenforschung lassen sich deutlich auf die ontogenetische, individualpsychologische Betrachtungsweise zurückführen. Diese Richtung betrachtet das Symptom sowie den *neurotischen Charakter* nicht bloß als Krankheitsphänomen, sondern vor allem als Zeichen einer individuellen Entwicklung und sucht sie aus den Erlebnissen und Phantasien des Individuums zu verstehen. Das rätselhafte Bild der Neurose und ihrer Erscheinungsformen fesselte wohl seit jeher die Aufmerksamkeit der Beobachter. Aber erst mit der Individualpsychologie begann der erste Schritt der *Rätsellösung,* der die individuellen Eindrücke und das Weltbild, die Stellungnahme des Kranken in Rechnung zog, um daraus das Verständnis für das Rätselvolle, zu gewinnen. Die medikamentöse und physikalische Behandlung erwiesen sich als überflüssige Notbehelfe, ihre zuweilen günstigen Erfolge als Wirkungen psychischen Einflusses von meist geringer Dauer und Ergiebigkeit. Doch soll nicht außer acht bleiben, daß die Zeit, »die alle Wunden heilt«, unabhängig von Medikamenten und Kaltwasserkuren, zuweilen psychische Schäden auszugleichen vermag, ebenso wie das Leben manches wieder gut macht, was es an einer Person verbrochen hat. Zahlreiche Menschen weisen die Bedingungen der Neurose auf, ohne ihr zu verfallen, *weil sie von rezenten Anlässen verschont bleiben* und so, wenn auch oft mühsam, das psychische Gleichgewicht aufrechterhalten können.

Da liegt es nun nahe, den *Vergleich mit der gesunden Psyche* zu ziehen, um der Frage näher zu kommen, was macht einen Menschen neurotisch? Anfangs schien es und scheint es wohl jedem, als ob besondere Erlebnisse oder Phantasien in den Kinderjahren den Anstoß zur Entwicklung der Krankheit gäben. Und tatsächlich hoben die ersten Untersucher auf dem Boden der Psychoanalyse, insbesondere *Freud* und *Breuer,* hervor, daß der *traumatische Einfluß eines sexuellen Erlebnisses* mit seinen direkten und indirekten Folgen der Verdrängung und der Verschiebung, unter den Ursachen der Neurose die erste Rolle spiele. Die Erweiterung dieser Lehre ging dahin, die »sexuelle Ätiologie« für alle Neurosen als ausschlaggebend hinzustellen und den Hinweis auf den allgemeingültigen Einfluß der Sexualentwicklung auch für den Normalen mit dem Argumente zu entkräften, daß die »sexuelle Konstitution«, also eine biologische Nuance des Sexualtriebes, die letzte Wurzel der Neurose bilde, die sich im Zusammenhange mit sexuellen Kindheitseindrücken unter dem Einfluß einer abnormen Verteilung der Libido und bei Eintritt einer auslösenden Konstellation einstellt.

Was aber die sexuellen und anderen Kindheitseindrücke anlangt, die durch die Untersuchung des Neurotikers zutage gefördert werden, sind sie in Grad und Umfang von denen der Normalen nicht sonderlich verschieden. Man findet einmal mehr, ein andermal weniger davon, immer aber ein Maß, das von den Gesunden auch erreicht wurde. Was nur so lange im dunkeln bleiben konnte, so lange nicht eine ausgiebige Kinderforschung und vor allem die analytische Schulung den Blick für diese Geheimnisse geschärft hatte. Ich möchte diese Einsichten durch folgende zwei Fälle aus meinen letzten Erfahrungen verstärken:

Ein 4½jähriger Knabe, körperlich und geistig tadellos entwickelt, dessen Gehaben durchaus keine auffallende Bevorzugung eines der Eltern erkennen läßt, wendet sich mit dem Wunsche an die Mutter, er möchte einmal im Bette des Vaters schlafen, der Vater könne ja im Kinderbett schlafen. Die Mutter, eine ausgezeichnete Beobachterin ihres Kindes, findet den Wunsch des Kindes auffallend und versucht dessen tieferen Sinn zu ergründen. »Das geht nicht«, sagt sie zu dem Knaben, »der Vater kommt immer spät und müde aus dem Bureau nach Hause. Da will er seine Ruhe und sein eigenes Bett haben. Aber ich werde dich in meinem Bette schlafen lassen, und will mich an deiner Stelle ins Kinderbett legen.« Das Kind schüttelt den Kopf und erwidert: »Das will ich nicht. Aber wenn der Vater in seinem Bette schlafen muß, so kann ich ja bei dir in deinem Bett liegen.«

Ich brauche wohl kaum hinzuzufügen, daß die Betten des Ehepaares nebeneinander stehen. Was wir sonst aus diesem Falle noch entnehmen können, ist die Courage des Jungen, seine ruhige Energie, mit der er nach Befriedigung seines Zärtlichkeitsbedürfnisses strebt und der männliche Mut, mit dem er sich an die Stelle des Vaters zu setzen sucht. Ich erinnere hier an meine Arbeit über den »Aggressionstrieb im Leben und in der Neurose«, wo ich als den Mechanismus der Neurose die »Aggressionshemmung« hingestellt habe. In unserem normalen Falle sehen wir kaum eine Spur einer Hemmung, sondern der Knabe versucht *zielbewußt* seinen Wunsch, bei der Mutter zu liegen, durchzusetzen, kommt auch leicht darüber hinweg, als sein Versuch fehlschlägt, und wendet sich anderen Wünschen zu. Nebenbei ist er gut Freund mit dem Vater und hegt keinerlei Rachegedanken gegen ihn.

Und doch konnte die Mutter kurze Zeit hernach feststellen, daß der kleine Junge bereits an der Lösung des Sexualproblems arbeitete. Fritz begann nämlich mit jener unheimlichen Fragesucht zu quälen, die eine regelmäßige Erscheinung im vierten bis fünften Lebensjahre bildet: *Freud* hat darauf hingewiesen und hervorgehoben, daß sich hinter diesen Fragen die Frage nach der eigenen Herkunft, nach der Herkunft der Kinder verberge. Ich unterwies die Eltern, und als der Junge abermals zu fragen begann und vom Schreibtisch aufs Holz, dann auf den Baum, aufs Samenkorn und zuletzt auf das erste Samenkorn kam, erhielt er zur Antwort, man wisse wohl, daß er neugierig sei, woher er und die anderen Kinder kämen. Er möge nur ruhig fragen, er werde alles erfahren. Das Kind verneinte wohl, seine Fragesucht war aber damit zu Ende. Also doch eine kleine Aggressionshemmung, wie sie wohl allgemein und erträglich sein dürfte. In der Tat blieb der Junge weiter mannhaft und couragiert und seinem Benehmen haftete keinerlei *Empfindlichkeit, Nachträglichkeit oder Rachsucht an.*

Aber noch ein wichtiger Umstand ist in solchen Fällen deutlich zu erfassen. Man sieht das Kind bereits tief *im Banne der Kausalität.* Ein Kind, das Eltern, Großeltern vor sich sieht, das von Kindern hört, die zur Welt kommen, wird normalerweise auf die Kausalität stoßen, die zwischen ihnen besteht. *Kommt nun der kindliche Ehrgeiz* ins Spiel, dann führen Gedanken und Phantasien das Kind so weit, daß es sich als Ziel setzt, selbst Vater zu werden, und daß es wie in der Vorbereitung handelt. — Derartige konkrete Erfahrungen, dazu Erinnerungen gesunder und neurotischer Personen, lassen den sicheren Schluß zu, *daß jedes denkfähige Kind um das vierte Lebensjahr auf das Geburtsproblem stößt.*

Außerdem geht aus unserem Falle hervor, daß wir es mit einem Knaben zu tun haben, *der sich seiner männlichen Rolle im Gegensatze zur Frau* bereits voll bewußt ist. Für ihn gibt es kein Schwanken und keinen Zweifel. Zärtlichkeitsregungen einem Manne gegenüber können bei solchen Individuen die Grenzen normaler Freundschaft nie überschreiten. *Eine Entwicklung zur Homosexualität erscheint dadurch ausgeschlossen, daß es unter Ausschluß jeder anderen Bindung sich für das heterosexuelle Ziel vorbereitet.*

In einem zweiten Falle, den ich hier zur Mitteilung bringen will, können wir die Anfänge der neurotischen Entwicklung beobachten.

Ein siebenjähriges, blasses Mädchen mit schwach entwickelter Muskulatur leidet seit zwei Jahren an häufigen, anfallsweise auftretenden Kopfschmerzen, die sich ganz unvermutet einstellen, Stirne und Augengegend befallen, ins Vorder- und Hinterhaupt ausstrahlen und nach mehreren Stunden wieder verschwinden. Keine Magenstörungen, kein Augenflimmern. Eine organische Erkrankung ist nicht nachzuweisen. Sie soll *stets blaß und schwächlich gewesen* sein, ist nach Angabe der Mutter sehr klug und gilt als die beste Schülerin ihrer Klasse. Medikamentöse und hydropathische Kuren blieben erfolglos.

Ich bin zur Überzeugung gelangt, daß die neurotische Psyche sich am leichtesten durch ihre psychische Überempfindlichkeit verrät. Die Klinik der Neurosen rechnet wohl schon lange mit dieser Erscheinung, ohne, wie mir scheint, ihre psychologische Dignität gehörig zu würdigen oder ihre individuelle Bedingtheit zu ergründen und zu beseitigen. Ich kann eigentlich nur zwei Autoren nennen, die von der ungeheuren Tragweite dieser Erscheinung sprechen. Der Historiker *Lamprecht* hat für die Völkerpsychologie die Bedeutung dieser »*Reizsamkeit*« festgestellt. Und *Bleuler* stellt die »*Affektivität*« in den Mittelpunkt der Neurosen, insbesondere der Paranoia.

In der Regel findet sich diese Überempfindlichkeit bei allen Neurotikern in gleicher Weise deutlich vor. Meist gibt der Patient selbst auf Befragen zu, daß er sich sehr leicht durch ein Wort, durch eine Miene verletzt fühlt. Oder er leugnet es, seine Angehörigen haben es aber längst empfunden, haben gewöhnlich auch schon angestrengte Versuche gemacht, diese Empfindlichkeit nicht zu reizen. Zuweilen muß man sie dem Kranken nachweisen und zeigen. Daß man diese Empfindlichkeit auch bei gesund gebliebenen Personen findet, kann weiter nichts beweisen, wenn man sich an die zahlreichen Grenzfälle der Neurose erinnert.

Die Äußerungen dieser Überempfindlichkeit sind interessant genug. Sie erfolgen präzise, sobald es sich um eine Situation handelt, in der sich der Patient *vernachlässigt, verletzt, klein oder beschmutzt vorkommt,* wobei es ihm recht häufig zustößt, daß er, auf Nebensächlichkeiten gestützt, eine derartige Situation *willkürlich erfindet.* Oft mit großem Scharfsinne sucht er seinem Standpunkte *logische Repräsentation* zu verleihen, die nur der geübte Psychotherapeut durchschaut. Oder der Patient nimmt eine Wahnidee — wie bei der Paranoia, aber auch bei anderen Neurosen — zu Hilfe, um das Unerklärliche seines Benehmens zu begreifen und durch Fixierung an seine Wahnidee der eigentlichen Gefahrenzone, den Tatsachen und damit den Verletzungen seiner Empfindlichkeit auszuweichen. Dabei fällt immer die überraschende Häufung von Herabsetzungen und Demütigungen auf, denen solche Patienten ausgesetzt sind, bis man entdeckt, daß sie sozusagen eine *Zeitlang ihren Ohrfeigen nachlaufen.* Diese Strömung stammt aus dem Unbewußten und führt meist vereint mit anderen Regungen den masochistischen Charakter der Neurose herbei, der uns den Patienten als Hypochonder, als Verletzten, Verfolgten, Herabgesetzten, nicht anerkannten Menschen zeigt, für den es nur Leid, Unglück, »Pech« gibt. Der Mangel an Lebensfreude, die stete Erwartung von Unglücksfällen, Verspätungen, mißglückten Unternehmungen und Zurücksetzungen, schon in der Haltung und in den Gesichtszügen des Patienten erkennbar, die abergläubische Furcht vor Zahlen, Unglückstagen und der telepathische Hang, der immer Schlimmes vorausahnt, das Mißtrauen in die eigene Kraft, die den Zweifel an allem erst lebendig macht, das Mißtrauen in die anderen, das sozial zerstörend wirkt und jede Gemeinschaft sprengt — so stellt sich zuweilen das Bild des überempfindlichen Patienten dar. Alle Grade der *Aggressionshemmung,* Schüchternheit, Zaghaftigkeit, Angst und Aufregungszustände *bei neuen, ungewohnten Situationen* bis zu physischer und psychischer Lähmung können dem Bilde der Neurose eine besondere Färbung verleihen. Wie *einer, der sich in eine feindliche Welt gestellt sieht, für den diese Erde zu schlecht ist, denkt er immer nur an sich, an seine Not, an das, was ihm fehlt, nie an das, was er zu geben hätte.*

Wird so die Überempfindlichkeit zu einer »*Vorempfindlichkeit*«, so sehen wir anderseits Erscheinungen in der Neurose auftreten, die man als »*Nachempfindlichkeit*« charakterisieren kann. *Solche Patienten können einen schmerzlichen Eindruck nicht verwinden und sind nicht imstande, ihre Psyche aus einer Unbefriedigung loszulösen,* sich mit dem Leben und seinen Einrichtungen, *sich mit den Menschen zu versöhnen.* Man hat den Eindruck von *eigensinnigen, trotzigen* Menschen, die es nicht vermögen, durch kulturelle Aggression Ersatz zu schaffen, sondern starr und fest »auf ihrem Willen« bestehen. Und dies in jeder Sache und über ihr ganzes Leben hinaus. Gerechtigkeitsfanatiker und Querulanten weisen immer diesen Zug auf. Wir wollen einstweilen bloß hervorheben, daß diese angeführten Charaktere *allen Neurotikern gemeinsam sind und mit der »Überempfindlichkeit« in innigstem Zusammenhange stehen.*

Die Anfänge der Überempfindlichkeit gehen oft auf organische Überempfindlichkeit zurück, lassen sich sehr weit in das kindliche Leben zurückverfolgen und differieren von der normalen Empfindlichkeit in verschiedenem Grade. Man findet erheblichere *Lichtscheu, Hyperästhesien des* Gehörs, *der Haut, größere Schmerzempfindlichkeit, besondere Erregbarkeit der Vasomotoren, erhöhtes Kitzelgefühl, muskuläre Erregbarkeit, Höhenschwindel* bis in die früheste Kindheit zurück verfolgbar und kann sie stets auf eine *Organminderwertigkeit* beziehen. In meiner »*Studie über Minderwertigkeit der Organe*« habe ich bereits die Beziehungen dieser Organminderwertigkeit zur Neurose aufgedeckt und habe nach vielfachen Untersuchungen noch festzustellen, daß die Überempfindlichkeit eines Organes in den Kreis der Minderwertigkeitserscheinungen aufzunehmen ist. Ebenso die Unterempfindlichkeit wie wir sie bei Idioten, Verbrechernaturen, bei Personen mit moral insanity so häufig beobachten können, zuweilen auch be den Neurosen, als Verlust oder Einschränkung des Schmerzgefühles, des Kitzelgefühles, der Tätigkeit der Hautvasomotoren. Die Herabsetzung der Empfindlichkeit zeigt uns — was aus der Betrachtungsweise der Organminderwertigkeitstheorie hervorgeht — den von den Vorfahren ererbten Defekt, *die Überempfindlichkeit deckt die Kompensationstendenz auf,* die aus den Kämpfen der Vorfahren oder des Trägers um den Bestand eines geschädigten Organes erfließt. Immer finden sich nebenbei auch andere Organminderwertigkeitszeichen wie Degenerationszeichen, Schleimhaut- und Hautreflexanomalien, Kinderfehler und Erkrankungen des betreffenden Organs oder Organsystems, wenn auch häufig, wie schon beschrieben, *am Stammbaume des Patienten verstreut.* So kommt in die Grundlagen der psychologischen Forschung ein phylogenetisches Moment, das bis auf die organischen Wurzeln der Neurose und auf das Problem der Heredität zurückreicht. Die Überempfindlichkeit samt ihrem psychischen Substrat macht es aus, daß die aus den Organen stammenden Triebtendenzen leicht *ungezähmt* bleiben und so den Aggressionstrieb in einen andauernden Reizzustand versetzen. Erhöhte Reizbarkeit, Jähzorn, Neid, Trotz, Ängstlichkeit bleiben nicht aus und erfüllen die Gedankenkreise des Kindes frühzeitig *mit einem inneren Widerspruch* gegen die ihm aufgezwungene Kultur, die nur bei geringer Widerstandsleistung des Kindes leicht haftet. Nun kann sich auch die einsichtsvollste Erziehung bis heute nur schwer von ihrem Grundprinzip losmachen, welches nach dem Schema »*Schuld — Strafe*« zu erziehen verpflichtet. Dies und der Lauf der Dinge, der so oft nach dem gleichen Schema gerichtet ist, erfüllt die Gedankenwelt vor allem jener Kinder, die frühzeitig in den inneren Widerspruch geraten, *mit einer Erwartung eines unheilvollen Ausganges der verbotenen Wünsche und Handlungen.* Anderseits bringen es die Überempfindlichkeit sowie die sekundär verstärkte Triebintensität und -extensität mit sich, daß sich die gereizte Aggressionstendenz des Kindes *gegen Personen richtet, die ihm die allernächsten, zuweilen auch die allerliebsten sind, gegen Vater, Mutter oder Geschwister.* Ist es ein Knabe, so wird er in der Regel nach den väterlichen Prärogativen verlangen, ein Mädchen, nach den mütterlichen. *Findet sich das Kind in seiner Geschlechtsrolle nicht zurecht,* so beginnt es zu schwanken und *der Zweifel* beginnt seine frühesten Wurzeln zu schlagen. Zuweilen kann sich die feindliche Aggressionsneigung im Kinde entfalten, dann kommt es zu feindseligen Gedanken und Regungen gegen Personen der Familie. Gewöhnlich widerstreitet diesen ein Gefühl der Zärtlichkeit, der Liebe, der Dankbarkeit, die Aggression wird eingeschränkt oder so weit abgeschwächt, daß ihr Ursprung nur schwer zu finden ist oder sich nur in Träumen und im Charakter auch der späteren Jahre *als Schema* gegenüber anderen Menschen verrät.

Schon auf dieser Stufe der Entwicklung ergeben sich verschiedene *psychische Zustandsbilder,* deren Zahl noch namhaft vergrößert wird, wenn wir andere gleichzeitig oder nacheinander wirksame psychische Einschläge und Regungen in Betracht ziehen. So ist die teilweise Emanzipation des Kindes von seinem Stuhl- und Harntrieb vor sich gegangen, und diese Emanzipation hat ihm im Zusammenhange mit der Entwicklung des Schau- und Riechtriebes und des Gemeinschaftsgefühls *eine dauernde Reaktion gegen Schmutz* und schlechte Gerüche hinterlassen. Ich muß auch bei diesem Punkte darauf hinweisen, wie sehr dieses Resultat *von der Wertigkeit und Empfindlichkeit des Auges, der Nase abhängig ist,* so daß die Entscheidung gleichfalls von der Organminderwertigkeit abhängig wird. Haben nun schon das Organ und sein Trieb, sowie alle ihre differenzierten Fähigkeiten, wie Empfindlichkeit usw., auf der primitivsten Stufe ihren psychischen Ausdruck und Charakter, so fallen die Erscheinungen der Hemmungen, der Reaktion, *ganz ins Gebiet der psychischen Phänomene* und präsentieren sich als Furcht, Idiosynkrasie, Ekel, Scham. Die ganz psychisch gewordene Überempfindlichkeit erfaßt im *Dienste des Machtstrebens je nach der Individualität, d. h. je nach der Beeinflussung der Psyche durch das minderwertige Organ,* alle Beziehungsmöglichkeiten, die ihr widerstreiten und *sucht sie aus dem Erleben auszuschalten.* Aus diesen Affektlagen, die, mit Überempfindlichkeit und starker Reaktionsmöglichkeit ausgestattet, sozusagen den wunden Punkt der Psyche darstellen, entspringt bald eine passive, bald eine aktive Konstellation, überwiegt bald das *Ausweichen* vor Verletzungen der Empfindlichkeit, bald das aggressive *Vorbauen oder Vorschauen,* meist beides.

Die *Stärke des ursprünglich vorhandenen Aggressionstriebes sowie der Aggressionsfähigkeit ist teilweise vererbt und als Ausdruck der biologischen Kompensationstendenz zu betrachten.* Physiologisch betrachtet handelt es sich um die Leistungsfähigkeit der kortiko-muskulären Bahn, und eines der Zeichen ihrer angeborenen Minderwertigkeit wird sich als »körperliche Schwäche«, d. h. in erster Linie als *muskuläre Insuffizienz* darstellen. In der Tat ist es ein nahezu regelmäßiger Bericht der Frühanamnese neurotischer Patienten, daß sie schwächliche Kinder waren. Oder aber man erfährt, daß die Patienten als Kinder auffallend *»linkisch«,* (linkshändig?) *und ungeschickt* waren und sich dadurch viele Blamagen und Strafen zugezogen haben. Ich muß an dieser Stelle darauf verweisen, daß auch manche der »Kinderfehler«, wie Enuresis, Stuhlinkontinenz, Stammeln, Stottern, Sprachfehler usw., die ich als Zeichen der Organminderwertigkeit hingestellt habe, neben der Tatsache der primären Überempfindlichkeit diesen Eindruck der *Ungeschicklichkeit* hervortreten lassen, so daß auch die Ungeschicklichkeit als ein Beweisstück des Kampfes angesehen werden muß, den gewisse Organsysteme bei ihrer Domestikation, bei ihrer Einfügung in das Kulturmilieu zu führen haben.

Spuren dieser Ungeschicklichkeit kann man ebenso wie Reste des Kinderfehlers im Leben des erwachsenen Neurotikers oft nachweisen. Häufig bleibt eine psychische Unbeholfenheit zurück, die mit der späteren häufig hervorragenden geistigen Schärfe lebhaft kontrastiert und den Schein geistiger Minderwertigkeit hervorrufen kann. Zumeist aber resultiert ein Zustand der *Ratlosigkeit, Schüchternheit, Zaghaftigkeit,* der weit vor Beginn der Neurose einsetzt. Die Entwicklung des Selbstvertrauens, der Selbständigkeit bleibt mangelhaft, das Anlehnungs- und Zärtlichkeitsbedürfnis steigert sich ins Unermeßliche, so daß den Wünschen des Kindes unmöglich Genüge geleistet werden kann. So kommt es, daß die von Haus aus vorhandene stärkere Empfindlichkeit ungemein gesteigert wird und zu einer Überempfindlichkeit anwächst, die fortwährend zu Verwicklungen und Konflikten Anlaß gibt. Anfänglich besteht ein Gefühl des Zurückgesetztseins, der Vernachlässigung, »man ist ein Stiefkind, ein Aschenbrödel«, daran knüpfen Gedanken und Phantasien an, die sich wieder im Leben des Kindes äußern, als Entfremdung, Hang zum Mißtrauen und als *der brennende Ehrgeiz, es den anderen zuvorzutun,* besser zu sein als diese, schöner, stärker, größer und klüger. Daß diese ununterbrochen andauernden Wünsche einen mächtigen psychischen Antrieb bilden und daß sie in der Tat vielen von diesen Kindern zur »Überwertigkeit« verhelfen, ist keine Frage. Oft aber tritt aus dieser Konstellation vorwiegend die Kehrseite an die Oberfläche, die wirklich geeignet ist, dieses Menschenmaterial unbeliebt zu machen, so daß sie mit ihren Befürchtungen der Herabsetzung, der Mißgunst, der allgemeinen menschlichen Schlechtigkeit und Gehässigkeit *zum Schluß scheinbar recht behalten.* Damit nun hängt es zusammen, daß sich gewisse *Charakterzüge immens verstärken,* daß wir Regungen des Hasses, des Neides, des Geizes vorfinden, *die sonst in der Kinderseele nicht diese große Rolle spielen,* und daß wir in der fertigen Neurose diese Stimmungslagen individuell nachweisen können. Aus der Weiterentwicklung dieser Regungen, die in der verwegensten Weise die Gedankenwelt und die Phantasie des Kindes befruchten, sowie der psychischen Überempfindlichkeit, mittels deren das Kind Blamage und Strafe nicht nur härter empfindet als andere, sondern auch — zuweilen grundlos — vorausahnt, ergibt sich von selbst ein *fortwährender innerer Konflikt* in der kindlichen Psyche, der der Umgebung nur selten bekannt wird. Denn das Kind lernt sich verstellen und schweigt — eben aus Überempfindlichkeit, aus Furcht vor Strafe oder Herabsetzung, immer auch bedrückt durch die Stimme seines Gemeinschaftsgefühls.

Dieses Schweigen aber, das *Geheimnis des Kindes,* verrät uns, daß in ihm Bewußtseinsregungen wirksam geworden sind, die es nicht merken lassen will. Und es ist die Vorstellung gerechtfertigt, daß das Kind vor anderen schweigt, *aber auch seinen eigenen Gedanken über bestimmte*

Wünsche, über gewisse Triebregungen auszuweichen sucht, weil es sich durch das Bewußtsein derselben beschmutzt, herabgesetzt, lächerlich gemacht fühlt, oder — und dies ist bereits ein Erfolg seiner Vorempfindlichkeit — weil es solche unangenehme Folgen erwartet und befürchtet. Während sich einerseits eine Weltanschauung des Kindes Bahn bricht, die oft nur in Spuren rekonstruierbar oder zu erkennen ist, aus der eine Erwartung entspringt, wie: »man wird mich strafen«, — »man wird mich auslachen«, verstärkt durch eine tiefgefühlte Überzeugung, wie: »ich bin ja böse, sündhaft« oder »ich bin zu plump und ungeschickt«, versucht die Überempfindlichkeit *je nach dem vorhandenen Material und zumeist ausgehend von den schwächsten Punkten des Seelenlebens* oft die entgegensetzten Charaktere und Eigenschaften zu entwickeln. Man wird in diesen Fällen Tendenzen wahrnehmen, die auf Hemmung der primären Triebregungen (des Mundes, der Augen, der Exkretionsorgane) gerichtet sind, oder die imstande sind, das Peinliche der Minderwertigkeitserscheinungen oder gleichgeachteter Schwächen besonders tief empfinden zu lassen (das Erröten, die Schmerzempfindlichkeit, Schwächlichkeit, Unverständnis, geringe Körpergröße). Dicht daneben bemerkt man aber bereits die Ansätze, die als die *psychischen Schutzvorrichtungen, Sicherungen* deutlich zu erkennen sind, berufen, einem Umkippen in den alten Fehler und damit einer Verletzung der Überempfindlichkeit vorzubauen und das bereits feststehende Endziel zu erreichen. Hierher gehören alle Züge von *Pedanterie,* die nur den einen Sinn haben, eine Sicherung der Lage herbeizuführen und, wie ich später fand, zum Druck auf die Umgebung bestimmt sind. Aber ebenso machen sich *abergläubische oder einem Anlehnungsbedürfnis entspringende Regungen breit,* die wie *Sicherungsvorkehrungen* die Höhe der neugewonnenen moralischen oder ästhetischen Kultur garantieren müssen (Gebete, Zeichen- und Zahlensymbolik, *Zauberglauben* usw.). Und wieder nebenan, aus der gleichen Weltanschauung stammend, findet man Erscheinungen der *Selbstbestrafung oder der Buße,* ästhetische Anwandlungen, Tendenzen, sich Schmerzen, Entbehrungen, Leistungen aufzuerlegen, sich vom Spiel, von Vergnügungen, von der kleinen Welt der Gespielen zurückzuziehen. Dabei ist das Kind stets am Werke, mit äußerster Vorsicht sein Geheimnis zu wahren, und kann dabei so weit kommen, bei jedem Menschen, insbesondere aber beim Arzt, die Absicht zu vermuten, dieses Geheimnis auszukundschaften. Mißtrauen und der Verdacht, man habe etwas mit ihm vor, entstehen beim Kinde, dienen vor allem dem Beweis der eigenen Wichtigkeit, die alle Menschen, das Schicksal, Gott immerwährend beschäftigt. Dieses Ensemble führt zu den von mir (siehe: »Der Aggressionstrieb«) beschriebenen Formen der Aggressionshemmung, und ich muß weiterhin die Behauptung aufstellen, *daß die Aggressionshemmung zustande kommt durch die Konkurrenz anderer Organminderwertigkeits-Erscheinungen, insbesondere der seelischen Überempfindlichkeit, die Kompensationen des verletzten Ehrgeizes auf einem neuen Wege nicht zuläßt.*

Von der moralischen Seite betrachtet mündet der psychische Entwicklungsprozeß der Organminderwertigkeit mit seiner Überhebung in ein vergrößertes *Schuldbewußtsein gegenüber dem Gemeinschaftsgefühl* und in eine Überempfindlichkeit gegen Selbstvorwürfe und Vorwürfe der Umgebung. Diese drückende Konstellation bewirkt es, daß die psychische Arbeitsleistung eine namhafte Erhöhung erfährt, da das ganze weitere Leben unter dem Drucke der Überempfindlichkeit steht, die wie ein allzeit bereiter Motor das Triebleben modifiziert, die Triebrichtung hemmt und beeinflußt. Andererseits besteht dauernd ein lastendes, drückendes *Gefühl einer begangenen oder zu verhütenden Schuld, das abstrakt geworden ist und ständig nach einem Inhalte sucht. Zuweilen ist dieses Suchen nach dem Inhalte des Schuldvollen, Strafbaren besonders akzentuiert* (dann entsprechen ihm später oft Zwangshandlungen und Zwangsideen, Aufspüren des »Lasters« in jeder Form). Das Gefühl, ein »Verbrecher«, ein »Auswürfling« zu sein, beginnt zu dominieren und steigert die Überempfindlichkeit gerade gegen Vorwürfe und Konstellationen entsprechender Art. Das der Organminderwertigkeit entstammende Minderwertigkeitsgefühl führt nämlich zu einer *egoistischen, feindseligen Aggressionsstellung.* Die aus ihr entspringende Unversöhnlichkeit mit den Menschen stößt aber auf die Instanz des *Gemeinschaftsgefühls.*

Es scheint, daß gewisse Entwicklungspunkte diese innere Spannung den primären inneren Konflikt *steigern und mit ihrem Inhalt erfüllen können.* So vor allem sind es *die Position in der Familie und die ersten Berührungen mit dem Sexualproblem,* die etwa um das fünfte Lebensjahr statthaben, ferner die *Berufsfrage und die Liebesbeziehungen des Erwachsenen.* Man gewinnt dabei den Eindruck, *daß alle die späteren Konflikte zur manifesten Neurose führen können, sobald der primäre, aus der Organminderwertigkeit stammende innere Widerspruch besteht,* und man kann bei allen zur Neurose Disponierten von einem Zustande der *»Psychischen Anaphylaxie«* sprechen, der sein materielles Analogon bei bakteriellen Erkrankungen hat, wo bei gewissen Vorimpfungen eine Überempfindlichkeit gegen das ursprüngliche Gift erlangt wird.

Die ersten Sexualkenntnisse, die sich dem Kinde auf Schleichwegen ergeben, verletzen seine *vorhandene Überempfindlichkeit* auf das allerheftigste. Das Kind kann sich betrogen, gefoppt, ausgeschlossen vom allgemeinen Wissen vorkommen. Es empfängt den Eindruck, daß man Komödie vor ihm spiele, es sieht sich einem Geheimbunde der anderen gegenüber und ist, was insbesondere bei Minderwertigkeit der Sexualorgane und bei der sie häufig begleitenden größeren Empfindlichkeit vorkommt, mit seinem frühzeitig gesteigerten Sexualtriebe in eine schwierige Lage versetzt. Das »sexuelle Trauma«, ebenso die Frühmasturbation ergeben sich dann von selbst als »Ursache«, wichtiger aber sind die frühen Gedankenregungen und Phantasien, die gelegentlich ins *Inzestuöse* geraten können und mangels wichtiger Orientierung *perverse* Züge annehmen oder das *Schwanken* und den *Zweifel* des Kindes ungemein verstärken. Und über alle Regungen des Kindes legt sich drohend das nunmehr vertiefte Schuldbewußtsein, *damit* die Hemmung jeder Aggression, die Buße und die Erwartung einer Strafe, eines unglücklichen Ausganges. Ähnliche Vorgänge steigert die Masturbationsperiode. Und es bleibt Sache des Schicksals des einzelnen, vor allem aber der jeweiligen Konstellation, aus welchen der oben geschilderten Minderwertigkeitserscheinungen und *aus welcher Zeit ihrer Entwicklung die Neurose ihre Bilder zu nehmen gezwungen ist.*

Nach diesen Vorbemerkungen will ich einige psychotherapeutische Ergebnisse zu dem Falle des siebenjährigen Mädchens mit »nervösem Kopfschmerz« vorbringen. Meine erste Frage betraf die Empfindlichkeit des Kindes. Die Mutter berichtete, daß das Mädchen gegen Schmerz, gegen Kälte und Hitze sehr empfindlich sei. In seelischer Beziehung sei die Empfindlichkeit geradezu krankhaft. Sie lerne ungemein fleißig und komme ganz verstört nach Hause, wenn sie einmal in der Schule eine Frage nicht beantworten konnte.

»Wie verträgt sie sich mit ihren Mitschülerinnen?«

»Sie streitet nicht, rauft nicht, hat aber keine eigentliche *Freundin.* Auch will sie immer *alles besser* wissen und besser machen als die anderen.«

»Können Sie etwas darüber sagen, ob sie den Vater vorzieht?«

»Der Vater ist häufig auf Reisen. Sie ist ihm sehr zugetan. Eher möchte ich glauben, daß sie mich vorzieht.«

»Woraus schließen Sie das?«

»Es ist eine ständige Redensart meiner Tochter: wenn ich einmal groß bin, *werde ich auch einen Hut, ein Kleid, usw. wie die Mama haben.«*

»Leiden Sie denn auch an Kopfschmerzen?«

»Oh, ich habe seit Jahren die entsetzlichsten Kopfschmerzen.«

»Nun, da hat die Kleine eben auch Kopfschmerzen wie die Mama!«

Solche Behauptungen aufzustellen dürfte manchem gewagt erscheinen. Eine gewisse Erfahrung in der Individualpsychologie läßt aber ein solches Vorgehen gerechtfertigt, ja noch mehr: *als notwendig* erscheinen. So viel ist aus der kurzen Bekanntschaft bereits zu erschließen, daß dieses Mädchen *den anstrengenden Versuch* macht, sich in die Rolle der Mama hineinzudenken, woraus wir entnehmen können, daß sie sich über ihre Stellung als Mädchen und zukünftige *Frau unzweifelhaft* im Klaren ist. Was die Mutter als Bevorzugung ihrer Person ansieht, kann nicht ohne weiteres als solche zugegeben werden. Es gewinnt vielmehr den Anschein, als wähle die Kleine für ihr Benehmen in manchen Punkten die Beziehung der Mutter zum Vater als Ausgangspunkt, wobei sie der Mutter möglichst gleich zu werden trachtet. Diese Tendenz sowie der *unverkennbare Ehrgeiz* des Mädchens, ihre gereizte Überempfindlichkeit, wenn sie Kameradinnen gegenüber zurückstehen soll, müssen notwendigerweise nach außen hin das Gepräge *des Neides* erhalten. Eine diesbezügliche Frage wird von der Mutter bejaht mit dem Hinweise, daß es sich dabei vorwiegend um Futterneid — Obst und Näschereien bezüglich — handle. Der Vater der kleinen Patientin leidet an Cholelithiasis (Minderwertigkeit des Ernährungsapparates), die Kleine hat in den ersten zwei Lebensjahren an Diarrhöen, seither an Obstipation gelitten. Sollte die Kleine im allgemeinen die Mutter beneiden und bereits Zeichen von Wissensneid (Vorbereitungen für die zukünftige Rolle!) äußern?

Weitere Erkundigungen ergeben, daß das Kind schon vor längerer Zeit eine Neigung zu masturbatorischen Berührungen zeigte, daß es seit Geburt im Schlafzimmer der Eltern schlief, daß es kokett sei und sich gern in schönen Kleidern im Spiegel betrachte. Als ich der Mutter meine Vermutung über die Ursache der Kopfschmerzen mitteilte, rief die Mutter aus: »Oh, deshalb peinigt mich der Fratz immer mit der Frage, *woher die Kinder kämen!*«. Sie erzählte mir weiter, sie habe dem Kinde auf seine Fragen vor längerer Zeit geantwortet, die Kinder kämen aus einem Teiche. Seither bringe das Mädchen sehr häufig das Gespräch wieder auf diesen Punkt. Eines Tages fragte es: »Und wozu braucht man die Hebamme?« Die Mutter antwortete ihr, die hole eben das Kind aus dem Teiche. Nach einiger Zeit fragte das Mädchen: »Du sagst also, daß man die kleinen Kinder aus dem Teiche bringe? Was geschieht aber im Winter, wenn der Teich zugefroren ist?« Darauf konnte die Mutter nur ausweichend antworten.

Man sieht hier deutlich, wie die sexuelle Neugierde den Witz und Scharfsinn des Kindes zur Entfaltung bringt und im allgemeinen seine Wißbegierde steigert. — Von Zornausbrüchen, Jähzorn, Wut ist bei dem Kinde keine Spur wahrzunehmen. Der Aggressionstrieb vermeidet offenbar bei gegebener Verletzung der Überempfindlichkeit diese aktivsten Bahnen. Außer den Fragen an seine Mutter, die aber auch *äußerst vorsichtig* gefaßt sind, findet man keinerlei Zeichen einer äußeren Aggression. Es ist daher die Vermutung berechtigt, daß der stürmische Wissensdrang, der in dem Kinde tobt, auf die Schmerzbahnen abgelenkt wird (Imitation der Mutter), dabei einen ererbten Locus minoris resistentiae ergreift und so das Symptom der Kopfschmerzen erzeugt.

Bleibt noch die Frage, wodurch wird jedesmal dieser nervöse Mechanismus ausgelöst? Ich frage die Mutter, wann der letzte Anfall aufgetreten ist. »Gestern nachmittag; auf der Straße!«

»Können Sie einen Grund ausfindig machen?«

»Nein. Ich wollte mir ein neues Kleid bestellen.«

»Haben Sie das Kleid bestellt?«

»Nein. Die Kleine jammerte so entsetzlich, daß mir nichts übrig blieb, als unverrichteter Dinge nach Hause zu fahren.«

Das heißt, das Kind hat durch seine Kopfschmerzen vorübergehend *verhindert,* daß die Mutter ein neues Kleid bekommt.

Dann muß aber, wie wir vorausgesetzt haben, der Neid (ursprünglich Futterneid, später, durch Verschränkung, Augenneid, Wissensneid) eine maßgebende Rolle spielen. Wir erinnern uns der Worte des Kindes: »Wenn ich groß bin, werde ich auch einen solchen Hut, solche Kleider wie die Mutter haben.« Die Überempfindlichkeit des Mädchens ist also gegen jeden Vorzug gerichtet, durch den die Mutter vor ihr ausgezeichnet erscheint, gegen die Anschaffung neuer Kleidungsstücke, gegen das bessere Wissen über die Herkunft der Kinder, und es wäre nur zu verwundern, wenn sich die gleiche Überempfindlichkeit des frühreifen Kindes nicht auch noch gegen die zärtlichen Beziehungen des Vaters zur Mutter richten würde. — Es ist sicher vorauszusetzen, daß die Zärtlichkeit des Vaters gegen die Mutter gerade zur Zeit der Kopfschmerzen besonders auffällig wurde, was die Mutter auch lächelnd zugibt. Die Fixierung des gleichen Symptoms beim Kinde zeigt also in die gleiche Richtung: *Rivalität gegen die Mutter.* Der etwas ängstliche Vater, aber auch die Mutter *beginnen nun das Kind zu verhätscheln.*

Damit erspart sich das Kind eine große Anzahl von Verletzungen seiner Überempfindlichkeit. Aber schon zeigt sich von Ferne die Gefahr, die dem Kinde droht. Es hat keine Freundin, meidet Gesellschaft, wird schüchtern und feige, zeigt sich aufgeregt, wenn Besuche zu erwarten sind, beginnt also umzuschalten, um bestehen zu können. Es ist kein Zweifel, daß seine »kulturelle Aggression« gehemmt ist.

Welches ist nun die Kraft, die imstande ist, eine solche Hemmung durchzuführen und dem Kinde die ungehinderte, freie Auswahl der Mittel, seine Triebe zu befriedigen, unmöglich zu machen? Nach meiner Erfahrung erfährt man das von den Kindern selten. Es sei denn unter ganz günstigen Bedingungen, bei noch ungebrochenem Mute des Kindes, und wenn man sein volles Zutrauen hat. Man ist darauf angewiesen, die aus der Individualpsychologie Neurotischer gewonnenen Erfahrungen zu Rate zu ziehen, aus denen auch die vorangeschickten Beobachtungen stammen. Die volle Beruhigung über die Richtigkeit und Konformität des Zusammenhanges wird sich dann aus der Anwendbarkeit und dem Verständnisse für mehrere oder alle Symptome der kindlichen Psyche ergeben.

So auch in diesem Falle. Der innere Widerspruch, der zum primären Konflikte und damit zur Unausgeglichenheit und Zaghaftigkeit dieser Kinderseele führte, muß in dem Zusammenstoße seiner Triebe und einer sie verurteilenden Instanz gelegen sein, wobei eine kleine Erfahrung peinlicher Erlebnisse (Organempfindlichkeit, Blamagen, Strafen) zur Intoleranz gegen Herabsetzung führte. Damit war ein mächtiger *Impuls zum Neid* und *der Ansatz zu stürmischem Ehrgeiz* gegeben, der größeren, erfahreneren Mutter gleich zu werden. Die Verschränkung mit dem frühzeitig erwachenden Sexualtriebe könnte in das ganze Ensemble von Regungen einen feindseligen, aber straffälligen Zug gegen die Mutter bringen. Es ergibt sich deshalb ein *sicherndes Schuldgefühl,* dessen Basis und Inhalt aus dem Bewußtsein gestoßen wird, ein sozusagen abstraktes Schuldgefühl, das sich mit jedem *möglichen* Inhalte verbinden kann, durch seine Inkonsequenz aber leicht auffällig wird. Dieses Schuldgefühl bewirkt die Hemmung der Aggression — »so macht Gewissen Feige aus uns allen« —, und so entsteht eine *Situation,* der die Ausgleichsmöglichkeit fehlt, eine Konstellation, auf deren Bahnen sich die Symptome der Neurose entwickeln, die aber wieder dem ehrgeizigen Ziele des Kindes, allen überlegen zu sein, genügen. Dementsprechend wird der Aufbau einer Neurose in jedem Falle Erscheinungen *nachweisen* lassen, die auf diese Konstellation und ihr vorläufiges Resultat (je nach der Wirksamkeit der angeborenen Aggressionsfähigkeit) reduzierbar sind, sich auch von diesem Punkte aus verstehen und kurieren lassen. Ein Schema der Neurose und ihrer Erscheinungen, das auf Vollständigkeit oder Abgeschlossenheit keinen Anspruch erhebt, hätte folgende Punkte *regelmäßig* zu berücksichtigen:

I. Erscheinungen, die den ursprünglichen Triebregungen sowie den Merkmalen der Organminderwertigkeit entsprechen.

Psychischer Verrat des Unsicherheits- und Schuldgefühles. {

II. Überempfindlichkeit, die sich gegen Herabsetzung, Beschmutzung, Bestrafung kehrt.

III. Erwartung von Herabsetzung, Beschmutzung und Bestrafung (siehe II), Vorkehrungen gegen dieselben. Angst.

IV. Selbstvorwürfe, Selbstbeschuldigung.

V. Selbstbestrafung, Buße, Askese.

VI. Ursachen des Schuldgefühles: Immer tendenziöse Verfehlungen infolge von festgehaltener Organminderwertigkeit und feindselige Aggression gegen den gleichgeschlechtlichen Teil der Eltern (letztere kann bei zweifelhafter sexueller Orientierung in der Kindheit fehlen), Masturbation. Alle anderen Ursachen des Schuldgefühles lassen sich, als Verschiebungen erkennen. Auch diese Hervorhebungen des Nervösen erwiesen sich später als tendenziöse Mittel zum Zweck.

VII. Als Folge einer der möglichen Konstellationen eine sich ergebende Aggressionshemmung, die als brauchbares Arrangement festgehalten wird.

Eine zusammenfassende Betrachtung ergibt zunächst den *einheitlichen Aufbau bestimmter Neurosen,* zu denen ich *Hysterie, Zwangsneurose, Paranoia, Neurasthenie und Angstneurose* rechnen muß. Alle diese Erkrankungen befallen nur jenes egoistisch gewordene Menschenmaterial, das als Träger von Organminderwertigkeiten die größeren Schwierigkeiten bei Einfügung in die Kultur zu überwinden hat.

Diese *Schwierigkeiten, von denen in meiner »Studie« (l. c.) und im vorhergehenden abgehandelt wird, liegen der »Disposition« zur Neurose zugrunde und sind identisch mit ihr.* Die Möglichkeit einer glatten Überwindung durch Kompensation und Überkompensation, vor allem durch die individualpsychologische Therapie, ist allerdings gegeben. Oft stellen sich aber neue Erschwerungen ein, die *aus dem Familienzusammenhange* stammen. Wieweit die gegenwärtige Erziehung einen Einfluß hat, ist in jedem Falle besonders abzuschätzen, verdient aber eine gesonderte Besprechung. Da ihr Prinzip fast allgemein die *Erzielung von Lebensfeigheit ist,* kommt sie oft in die Lage, das Schuldbewußtsein zu verstärken.

Wer für die Einheit und den einheitlichen Aufbau der Psychoneurosen eintritt, dem erwächst naturgemäß die Pflicht, die Besonderheiten zu erklären. Die vorliegende Arbeit hat an verschiedenen Punkten dazu Stellung genommen. Je nach Art, Ausbildung und Zusammenwirken der vorhandenen Organminderwertigkeiten wird das Bild der Neurose sich gestalten. Von Wichtigkeit ist auch die Größe, Verwandlungsfähigkeit und Ausdauer des angeborenen Aggressionstriebes, weil diese Faktoren es sind, die das Kind »schuldig werden lassen«, ihm anderseits die Möglichkeit geben, teilweise oder ganz auf weniger strafbare Gebiete auszuweichen. Von großer Bedeutung ist ferner *die Stellung des zur Neurose disponierten Kindes in der Familie, seine Position, insbesondere, weil sich daraus die Situation ergibt, die zum Grundrisse der Neurose wird. In dieser Situation ist bereits alles angedeutet,* was *der fertige Neurotiker an krankhaften Erscheinungen aufbringt, und es liegen die Ursachen für den krankhaften Charakter in ihr zutage. Die zur Neurose disponierende traumatische Situation setzt sich ungefähr im Areale der oben angeführten sieben Grundlinien durch und erzeugt den Zustand einer bestimmten psychischen Anaphylaxie, der entsprechend gleichgerichtete psychische Schädigungen oder die Aufgaben des späteren Lebens den verstärkten Zustand der ursprünglichen traumatischen Situation hervorrufen: die besondere individuelle Neurose.*

Der psychische Hermaphroditismus im Leben und in der Neurose

I. Tatsachen des psychischen Hermaphroditismus

Von den Autoren, die der Frage des Hermaphroditismus beim Menschen nachgingen, hat fast jeder die Tatsache gestreift oder hervorgehoben, daß unter den abgeleiteten Geschlechtscharakteren sich häufig oder regelmäßig Charakterzüge und psychische Eigenschaften des anderen Geschlechtes vorfinden. So *Krafft-Ebing, Dessoir, Halban, Fließ, Weininger, Freud, Hirschfeld u. a.* Unter ihnen hat *Freud* die Erscheinungen der Inversion in der Neurose besonders studiert und hat festgestellt, daß in keinem Fall von Neurose invertierte Züge fehlen. Seither hat sich diese Beobachtung von mir als häufiges Zeichen der Unversöhnlichkeit mit der Erotik richtigstellen lassen. Ich habe in einer kleinen Arbeit auf den Zusammenhang von Prostitution und Homosexualität hingewiesen. *Fließ* meinte schon früher, daß der männliche Neurotiker an der Unterdrückung seiner weiblichen, der weibliche an der Verdrängung seiner männlichen Züge erkranke. —

Eine eingehende Untersuchung der Neurosen in bezug auf hermaphroditische Züge ergibt folgende Resultate: 1. Körperliche Erscheinungen des gegensätzlichen Geschlechts finden sich auffallend häufig. So *weiblicher Habitus bei männlichen Neurotikern, männlicher bei weiblichen.* Ebenso gegensätzliche sekundäre Geschlechtscharaktere, insbesondere aber Minderwertigkeitserscheinungen an den Genitalien, wie Hypospadie, paraurethrale Gänge, kleiner Penis, kleine Hoden, Kryptorchismus usw., andererseits große Labia minora, große Klitoris, Infantilismus des Sexualapparates u. a. m., zu denen sich in der Regel Minderwertigkeitserscheinungen an anderen Organen hinzugesellen.

Ob diese körperlichen Erscheinungen von vornherein in irgendeinem genetischen Zusammenhange mit einer gegengeschlechtlichen Psyche ihres Trägers stehen, wie *Fließ* annimmt und wie *Krafft-Ebing* ausführte, so daß beim Manne die weibliche Psyche, beim Weib die männliche stärker entwickelt wäre, läßt sich sicher nicht erweisen. Es *läßt sich aber zeigen, daß Motilität und körperliche Entwicklung solcher Kinder mit minderwertigen Organen, Organ- und Drüsensystemen oft von der Norm Abweichungen zeigen, daß ihr Wachstum und ihre Funktionstüchtigkeit Mängel aufweisen, daß Krankheiten und Schwächlichkeit gerade am Beginn ihrer Entwicklung hervortreten, die später allerdings oft einer robusten Gesundheit und Kraft weichen.* —

Diese objektiven Erscheinungen geben vielfach Anlaß zu einem subjektiven Gefühl der Minderwertigkeit, hindern dadurch die Selbständigkeit des Kindes, steigern sein Anlehnungs- und Zärtlichkeitsbedürfnis und charakterisieren eine Person oft bis ins späteste Alter. — Schwächlichkeit, Plumpheit, linkisches Benehmen, Kränklichkeit, Kinderfehler wie Enuresis, Incontinentia alvi, Flatulenz, Stottern, Kurzatmigkeit, Höhenschwindel, Insuffizienzen des Seh- und Hörapparates, angeborene und früherworbene Verunstaltungen, auffallende Häßlichkeit usw. sind imstande, das Gefühl der Inferiorität gegenüber den Stärkeren, *insbesondere gegenüber dem Vater,* tief zu begründen und fürs Leben, selbst über das Grab des Vaters hinaus, dauernd festzulegen. Bedeutsame Züge von Gehorsam, Unterwürfigkeit und hingebungsvolle Liebe gerade dem Vater gegenüber zeichnen viele Kinder, insbesondere aber die zur Neurose neigenden aus. *Und sie werden dadurch oft in eine Rolle gerückt, die ihnen als unmännlich erscheint. Alle Neurotiker haben eine Kindheit hinter sich, in der sich der Zweifel in ihnen regte, ob sie zur vollen Männlichkeit gelangen könnten.* Der Verzicht auf die Männlichkeit aber scheint für das Kind gleichbedeutend mit Weiblichkeit, und damit ist ein *reicher Kreis ursprünglich kindlicher Werturteile gegeben,* nach welchen jede Form der ungehemmten Aggression, der Aktivität, des Könnens, der Macht, mutig, frei, reich, angreifend, sadistisch als männlich, alle Hemmungen und Mängel (auch Feigheit, Gehorsam, Armut usw.) als weiblich aufgefaßt werden können. Man kann nun leicht erkennen, *daß das Kind eine Zeitlang eine Doppelrolle spielt,* daß es einerseits Tendenzen zeigt, die seine Unterwerfung unter die Eltern, Lehrer und Erzieher verraten, andererseits Wünsche, Phantasien und Handlungen, die sein Streben nach Selbständigkeit, freiem Willen und Geltung (»der kleine Gernegroß«) zum Ausdruck bringen. Da von dem einen mehr die Mädchen und Frauen, von letzterem mehr die Knaben und Männer zur Schau tragen, so kann es nicht wundernehmen, daß die Weltanschauung des Kindes zu Werturteilen gelangt, wie sie von den Werturteilen der Erwachsenen gar nicht so sehr abweichen: *die Hemmungen der Aggression als weiblich, die gesteigerte Aggression selbst als männlich anzusehen.*

Dieser innere Zwiespalt in der Kinderseele, Vorbild und Grundlage der wichtigsten psychischen Phänomene, zumal der Neurose, der fälschlich sogenannten *Spaltung des Bewußtseins, und Ausgangspunkt des Zweifels,* kann mannigfache Ausgänge im späteren Leben erfahren. *In der Regel wird man Einstellungen des Individuums bald mehr nach der »femininen«, bald mehr nach der »maskulinen« Richtung finden,* daneben aber vielleicht immer Versuche und Bestrebungen, *die Einheitlichkeit des Bildes aus dem Innern heraus zu stärken;* das männliche Material hindert eben ein völliges Aufgehen in einer weiblichen Rolle, das weibliche erweist sich als Hindernis, sich ganz männlich zu gebärden. Dadurch wird meist ein Kompromiß eingeleitet: weibliches Gebaren mit männlichen Mitteln (z. B. männliche Schüchternheit und Unterwerfung, männlicher Masochismus, Homosexualität usw.), männliche Rolle mit weiblichen Mitteln (Emanzipationstendenzen der Frauen, Polyandrie, Zwangsneurosen als Störung der Frauenrolle u.a.). Oder man findet ein *scheinbar regelloses Nebeneinander von »männlichen« und »weiblichen« Charakterzügen.* In der Neurose, wo es sich stets um Inkongruenzen solcher oft maßlos verstärkter Charakterzüge handelt, gelingt die Sichtung und Reduktion all dieser Tendenzen und die Aufdeckung des psychischen Hermaphroditismus stets mit den Mitteln der Jndividualpsychologie. Als Vorbedingung hat allerdings zu gelten, daß der Arzt nicht sein eigenes Werturteil über männliche und weibliche Züge in die Analyse hineinträgt, sondern sich dem gefühlsmäßigen Empfinden des Patienten anpaßt, demselben nachspürt.

II. Über Verstärkungen des psychischen Hermaphroditismus
Der männliche Protest als Endziel

Wir haben oben als Ausgangspunkt für die weiblichen Tendenzen des Nervösen das *Schwächegefühl* des Kindes gegenüber den Erwachsenen hingestellt, aus dem ein Anlehnungsbedürfnis, ein Verlangen nach Zärtlichkeit erwächst, eine physiologische und seelische Unselbständigkeit und Unterordnung. Auch darauf wurde oben bereits hingewiesen, wie diese Züge *bei frühzeitig und subjektiv empfundener Organminderwertigkeit* (motorische Schwäche, Ungeschicklichkeit, Kränklichkeit, Kinderfehler, verlangsamte Entwicklung usw.) intensiver zum Ausdruck kommen; wie dadurch die Unselbständigkeit wächst, die dieses verstärkt empfundene *Gefühl der eigenen Kleinheit und Schwäche* (Wurzel des Kleinheitswahns) *zur Aggressionshemmung und damit zur Erscheinung der Angst führt, wie die Unsicherheit bezüglich des eigenen Könnens den Zweifel auslöst,* ein Schwanken einleitet, das bald mehr von den *»weiblichen« Tendenzen (Angst und verwandte Erscheinungen),* bald mehr von den *»männlichen« (Aggression, Zwangserscheinungen)* beeinflußt wird, läßt sich von diesem Gesichtspunkt aus leicht nachweisen. Die Struktur der Neurosen (Neurasthenie, Hysterie, Phobie, Zwangsneurose, Paranoia usw.) zeigt uns, am schönsten die Zwangsneurose, die vielfach verschlungenen »weiblichen« Linien, sorgsam verdeckt und überbaut durch hypertrophisch »männliche« Wünsche und Bestrebungen. *Dieser männliche Protest erfolgt zwangsmäßig, als Überkompensation,* weil die »weibliche« Tendenz vom kindlichen Urteil etwa wie ein Kinderfehler abfällig gewertet und nur in sublimierter Form und wegen äußerer Vorteile (Liebe der Angehörigen, Straffreiheit, Belobung des Gehorsams, der Unterordnung usw.) festgehalten wird. *Jede Form von innerem Zwang bei Normalen und Neurotikern ist aus diesem* Versuch eines männlichen Protestes abzuleiten. Wo er sich durchzusetzen vermag, verstärkt er natürlich die männlichen Tendenzen ganz ungemein, steckt sich die höchsten, oft unerreichbaren Ziele, entwickelt eine Gier nach Befriedigung und Triumph, peitscht alle Fähigkeiten und egoistischen Triebe, steigert den Neid, den Geiz, den Ehrgeiz und führt eine innere Unruhe herbei, die jeden äußeren Zwang, Unbefriedigung, Herabsetzung und Beeinträchtigung als unerträglich empfinden läßt. Trotz, Rachsucht, Nachträglichkeit sind seine steten Begleiter, und durch maßlose Steigerung der Empfindlichkeit führt er zu fortwährenden Konflikten. Normale und krankhafte *Größenphantasien* und *Tagträume* werden von solchem überstarken männlichen Protest erzwungen und als vorläufige Surrogate der Triebbefriedigung empfunden. Aber auch das *Traumleben* gerät ganz unter die Herrschaft dieses männlichen Protestes, und *jeder Traum zeigt uns bei seiner Analyse die Tendenz, von der weiblichen Linie zur männlichen abzurücken.*

Sieht sich der Patient von jedem persönlichen Erfolg abgeschnitten, ist ihm die Befriedigung seines meist zu weitgehenden männlichen Protestes auf einer Hauptlinie, die immer auch vom Sexualtrieb konstituiert wird, mißlungen, dann kommt es zum Ausbruch der längst vorbereiteten Neurose. Dann versucht er die Befriedigung seines männlichen Ehrgeizes auf Nebenlinien, *durch Verschiebung* auf andere Personen, andere Ziele. Oder die Hemmung und Sperrung wirkt intensiver, und es kommt zu jenen Verwandlungen des Aggressionstriebes, die ich in der Arbeit über den »Aggressionstrieb im Leben und in der Neurose« beschrieben habe. Für die Struktur der Neurose gewinnen alle diese Variationen große Bedeutung, die (im Sinne des Patienten) weibliche, masochistische Tendenz schlägt vor und schafft das weibliche, masochistische Bild der Neurose, während gleichzeitig der Patient mit der äußersten Empfindlichkeit gegen jedes Versinken in die »Weiblichkeit«, gegen jede Herabsetzung, Unterdrückung, Beeinträchtigung, Beschmutzung ausgestattet wird. Der schwache Punkt, das Gefühl der Minderwertigkeit, die weiblichen Linien werden verdeckt oder durch Kompromißbildung maskiert oder durch Sublimierung und Symbolisierung unkenntlich gemacht, gewinnen aber an Breite und Intensität, dauernd oder anfallsweise, und präsentieren sich in der Abulie, in der Verstimmung, in der Depression, in der Angst, in den Schmerzen, im Gefühl der bangen Erwartung, im Zweifel, in Lähmungen, Impotenz, Insuffizienz usw.

Das Gefühl der Minderwertigkeit peitscht also das Triebleben, steigert die Wünsche ins Ungemessene, ruft die Überempfindlichkeit hervor und erzeugt eine Gier nach Befriedigung, die keine

Anspannung verträgt und in ein dauerndes Überhitztes Gefühl der Erwartung und Erwartungsangst ausmündet. In dieser hypertrophischen Gier, der Sucht nach Erfolg, in dem sich toll gebärdenden männlichen Protest liegt der Keim des Mißerfolges, allerdings auch die Prädestination zu den genialen und künstlerischen Leistungen. Die Neurose setzt nun ein beim Scheitern des männlichen Protestes auf einer Hauptlinie. Die weiblichen Züge erhalten scheinbar das Übergewicht, allerdings nur unter fortwährenden Steigerungen des männlichen Protestes und unter krankhaften Versuchen eines Durchbruchs auf männlichen Nebenlinien. Das Schicksal dieser Versuche ist verschieden. Entweder gelingen sie, ohne daß eine rechte Befriedigung und Harmonie eintritt, oder sie mißlingen gleichfalls, wie oft in der Neurose, und drängen den Patienten immer weiter in die weibliche Rolle, in die Apathie, in die Angst, in die geistige, körperliche, sexuelle Insuffizienz usw., die weiterhin als Mittel zur Macht ausgenützt werden.

Die Untersuchung der fertigen Neurose wird demnach stets folgende Züge aufdecken und ihre dynamische Wertigkeit feststellen müssen:

A. Weiblich gewertete Züge.

B. Hypertrophischen männlichen Protest.

C. Kompromißbildung zwischen A und B.

Das Scheitern des männlichen Protestes bei psychischem Hermaphroditismus wird durch folgende Faktoren begünstigt, ja geradezu herbeigeführt:

1. Durch die Überspannung des Protestes. Das Ziel ist im allgemeinen oder für die Kräfte des Patienten unerreichbar.

2. Durch die Überschätzung des Zieles. Diese Überschätzung (Don Quichoterie z. B.) geschieht unbewußt tendenziös, um die Heldenrolle des Patienten nicht zu stören. Auf diesem Wege ergeben sich Enttäuschungen von selbst.

3. Die weiblichen Tendenzen schlagen vor und hemmen die Aggression. Oft im wichtigsten Moment oder vor der beabsichtigten Leistung erwacht das »weibliche« Gefühl im Sinne eines übertriebenen Autoritätsglaubens, des Zweifels, der Angst und führt zur Demütigung und Unterwerfung *unter andauernder Protestbildung* oder macht aus dem Zweifel, der Angst usw. eine Waffe und führt so die Unterwerfung ad absurdum.

4. Ein aus der Kindheil überkommenes, reges, leicht verschiebliches Schuldgefühl, ein Abkömmling der Gemeinschaftsgefühls, protegiert die weiblichen Züge und schreckt den Patienten mit möglichen Polgen seiner Tat. (Hamletnaturen.}

Ich muß noch weiterer Verstärkungen der weiblichen Linien beim Kinde gedenken, die mehr oder weniger über das physiologische Maß hinausgehen und die regelmäßigen Veranlassungen darstellen, um den männlichen Protest in der geschilderten Weise zu übertreiben. Ein nicht unbeträchtliches, sorgfältig analysiertes Material von männlichen und weiblichen Neurotikern ließ mich regelmäßig diese Ursprünge und den gleichen Mechanismus erkennen, so daß ich wohl von einer *allgemeinen Geltung dieser Befunde* sprechen darf, um so mehr, als durch Aufdeckung derselben die Heilung der Neurose eingeleitet wird.

Zur Verstärkung der weiblichen Züge, damit aber auch zum sekundären, verstärkten männlichen Protest auf Umwegen, tragen folgende Momente bei:

1. Furcht vor Strafe. Als begünstigend wirken besondere Wehleidigkeit und Hauthyperästhesien, Strenge der Erzieher, Prügelstrafe. Als männliche Reaktion ist zu verstehen: Gleichgültigkeit gegen Strafe, trotzige Gleichgültigkeit, Ertragen von Schmerzen, oft Aufsuchen von Qualen *(scheinbarer Masochismus)* und demonstrativer Hinweis des Patienten, wie viel er vertragen könne, Erektion und aktive Sexualbetätigung, wenn Strafe droht, was zuweilen durch individuelle Eigenart physiologisch vorgebildet sein könnte. (Siehe *Asnaourow,* »Sadismus und Masochismus«, E. Reinhardt, München.)

2. Aufsuchen des Mitleids durch Demonstration der eigenen Schwäche, des eigenen Leidens. Männlicher Protest: Größenideen (zur Kompensation des weiblichen Kleinheitswahns), Empörung gegen das Mitleid der anderen, Lachen statt Weinen, Zynismus, Kampf gegen Zärtlichkeitsregungen usw. — (»Sich lustig machen über sich selbst«). Mischbildungen treten regelmäßig auf. — Kinderfehler wie Enuresis, Stottern, aber auch Kränklichkeit, Kopfschmerzen,

Appetitlosigkeit usw. können durch Spekulation auf das Mitleid oder trotzig fixiert werden. Fast regelmäßig kommt es aber zur Kompromißbildung. Die männliche Reaktion verwendet die Schwäche zum Ärgernis der Eltern und trotzt mit Beibehaltung des Fehlers, um nicht nachgeben zu müssen. Deutlich geht dies aus der Festhaltung der Enuresis und anderer Kinderfehler hervor. *Viele enuretische Träume zeigen den Versuch des oder der Träumenden, sich wie ein Mann zu gebärden.* (Stehend zu urinieren, männliches Pissoir, großer Bogen des Urinstrahls, Ziffern in den Sand urinieren.) — Gleichzeitig als männliche Reaktion gegen 1., oft unter tendenziöser Anwendung von Fiktionen, als ob der Topf, das Klosett bereit stünden. —

3. *Falsche Auffassung der Sexualrollen, Unkenntnis des Unterschiedes zwischen Mann und Frau, Gedanken über die Möglichkeit einer Verwandlung der Knaben in Mädchen und umgekehrt bei Kindern.* Häufig besteht ein mehr oder weniger dunkles Gefühl, ein Zwitter zu sein. Körperliche Eigenschaften, Erziehungsfehler, mißverstandene Äußerungen der Umgebung (Mädchenkleider bei Knaben, lange Haare bei Knaben, kurze bei Mädchen, Bäder in Gemeinschaft mit dem anderen Geschlecht, Unzufriedenheit der Eltern mit dem Geschlecht des Kindes usw.) wecken oder steigern den Zweifel des Kindes, solange ihm der Sexualunterschied unklar ist. In gleicher Weise rufen Märchen über die Geburt der Kinder oder falsche Vorstellungen davon (Geburt durch den After, Empfängnis durch den Mund, infolge eines Kusses, durch Gift oder durch Berührung) Verwirrung hervor. Perverse frühzeitige Sexualerfahrungen oder Phantasien, bei denen der Mund oder After die Rolle des Sexualorgans spielen, helfen den Unterschied zwischen Mann und Frau verwischen und können tendenziös zur Fixierung gelangen.

Die Homosexualität geht oft aus von der Unsicherheit der Geschlechtsrolle. Homosexuelle Männer hatten in der Kindheit die Gabe, sich in eine Mädchenrolle hineinzudenken. Erfolgt, wie immer, der männliche Protest, so geht die Verwandlung in den Homosexuellen bei bleibender Unsicherheit vor sich als Ausweichung vor der gefürchteten Frau.

Überhaupt kann das Verständnis nur erlangt werden, wenn man den männlichen Protestversuchen nachgeht. So beim Onaniezwang, der wie jeder Zwang den Versuch, sich quasi männlich zu gebärden und doch seiner Aufgabe auszuweichen bedeutet. Die gleiche Tendenz findet sich bei Pollutionen und bei der Ejaculatio praecox. Die Hast sowie die begleitenden Erscheinungen (mangelhafte Erektion, zuweilen homosexuelle Träume) verraten uns den dahinter verborgenen schwachen Punkt. Bei der Analyse von Träumen achte man auf *Alpträume, auf Träume von Gehemmtsein, auf Fallträume und Angstträume,* die einer Ausmalung der weiblichen Linie, einer Niederlage, angehören; dabei bricht doch fast regelmäßig die männliche Tendenz durch (Schreien, Flucht, Aufwachen), — als Protest.

Exhibitionistische Züge werden begünstigt durch die Tendenz, sich trotz des Gefühls der Unsicherheit als Mann zu zeigen. Bei Mädchen und Frauen scheint für diesen Zweck die Lossagung vom weiblichen Schamgefühl, die Ablehnung von weiblichen Kleidungsstücken zu genügen. Die gleiche Tendenz zur Macht charakterisiert den *Narzißmus.* Im Fetischismus kommt regelmäßig die unmännliche Linie zur Geltung (Vorliebe für Dessous, Blusen, Schürzen, Schmuck, Zöpfe usw. statt des Partners), aber stets begleitet von der männlichen Tendenz, nicht vom Partner beherrscht zu werden. Ursprünglich Ausdruck des Hermaphroditismus wie jeder Autoerotismus, richtet sich der Hand- oder Schuhfetischismus auf die Nebensache und gewinnt *durch seine Distanz von der männlichen Rolle* sein weibliches, masochistisches Gepräge. *Immer zeigt sich das Ausweichen vor einer vermeintlichen Gefahrenzone.*

Ursprünglich *masochistische Züge,* ebenso *Hypochondrie* und übertriebene Schmerzempfindlichkeit liegen im Bereiche der »weiblichen« Züge des Duldens. Wie jede psychische Erscheinung entbehren sie nie weiterer Nebendeterminationen, die Größe des Leidens usw. zu zeigen und sich der Erfüllung der Lebensaufgaben im Vorgefühl einer Niederlage zu entziehen. Es ist leicht begreiflich, daß sich das Kind zur Darstellung seiner weiblichen Linien der Züge der Mutter bedient, zur Darstellung der männlichen Züge des Vaters (»Vom Vater hab ich die Statur« usw.). Der männliche Protest peitscht die Wünsche des Kindes auf, es sucht den Vater in jeder Hinsicht zu übertreffen, gerät in Konflikte mit ihm, und so kommen manchmal *sekun-*

där jene Züge zustande, die auf die Mutter gerichteten Begehrungsvorstellungen entsprechen. (Ödipusgleichnis.)

Sache der Pädagogik und der Neurosentherapie ist es, diese Dynamik aufzudecken und bewußt zu machen. Damit verschwindet die tendenziöse Hypertrophie und kämpferische Antithetik der »weiblichen und männlichen Züge«, die kindliche Wertung macht einer gereifteren Weltanschauung Platz. Die Überempfindlichkeit weicht und der Patient lernt die Anspannungen der Außenwelt ertragen, ohne das Gleichgewicht zu verlieren. Er, der früher »ein Spielball dunkler, unbewußter Regungen war, wird zum bewußten Beherrscher oder Dulder seiner Gefühle«.

Zur Kritik der Freudschen Sexualtheorie des Seelenlebens

I. Die Rolle der Sexualität in der Neurose

Die Frage ist müßig, ob eine Neurose ohne Einbeziehung des Sexualtriebes möglich sei. Hat er doch im Leben aller eine ähnlich große Bedeutung. Fragt sich also, ob in seinen Schicksalen der Anfang und das Ende, alle Symptombildungen der Neurose zu erblicken seien. Ich muß darauf mit einer kurzen Schilderung — nicht des losgelösten Sexualtriebs, sondern seiner Entwicklung im Ensemble des Trieblebens antworten. Biologisch wäre die Auffassung nicht zu halten, daß jeder Trieb eine sexuelle Komponente habe, also auch der Freßtrieb, der Schautrieb, der Tasttrieb usw. Man muß vielmehr annehmen, daß die Evolution im organischen Reich zu Ausgestaltungen geführt hat, die wir uns als Differenzierung ursprünglich vorhandener Zellfähigkeiten zu denken haben. So ist dem Willen und der Not zur Assimilation ein Nahrungsorgan gefolgt, ein Tast-, Gehörs-, Gesichtsorgan dem Willen und Zwang zum Fühlen, Hören, Sehen, ein Zeugungsorgan dem Willen und Zwang zu Nachkommenschaft. Die *Behütung* aller dieser Organe war so sehr nötig, daß sie von zwei Seiten in Angriff genommen wurde: durch Schmerz- und durch Lustempfindung. — Da diese nicht genügte, durch eine dritte Sicherung, durch ein Organ der Voraussicht, das Denkorgan, das Gehirn. Auf dem Experimentierfelde der Natur finden sich Variationen aller drei *Sicherungsgrößen*. Der Anstoß kommt aus Angriffen in der Aszendenz, die Deszendenz weicht aus. Bald kommt es zu peripheren Defekten, bald zu erhöhten Schmerz- und Lustempfindungen im minderwertigen Organ. Der variabelste Anteil, das Zentralnervensystem, übernimmt die endgültige *Kompensation*. Es ist ein zweifaches Unrecht, den Begriff des minderwertigen Organs und den der »erogenen Zone« *Havelock Ellis'* zu konfundieren. Nur ein kleiner Teil der minderwertigen Organe zeigt erhöhte Lust- oder Kitzelgefühle im peripheren Anteil. Will man, wie *Sadger* versucht, einen minderwertigen Nierenleiter, eine Gallenblase, Leber-Pankreas, adenoide Vegetationen und Lymphdrüsen zu den erogenen Zonen zählen? Die Otosklerose zeigt nach neueren Untersuchungen einen Mangel des Kitzelgefühls im äußeren Gehörgang. Ferner: wo stellen Sie bei der Auffassung von den erogenen Zonen die Gehirnkompensation und Überkompensation hin?

Zweitens: es präjudiziert den Begriff »erogene Zone«, und zwar mit Unrecht. Nicht als ob ich leugnen wollte, daß sich am minderwertigen Organ bewußte und unbewußte perverse Phantasien anknüpfen könnten. Aber erst im späteren Leben, unter Zuhilfenahme falscher Sexualvorstellungen oder unter dem Drucke bestimmter Sicherungstendenzen. Um erogen zu werden, bedürfen diese Zonen einer sekundären Triebverschränkung unter dem Drucke falscher Sexualtheorien, oder gegensätzlicher *überflüssiger Sicherungstendenzen*. Die Behauptung, daß das Kind *polymorph-pervers* ist, ist ein Hysteron-Proteron, eine dichterische Lizenz. Die *»sexuelle Konstitution«* kann durch Erlebnisse, durch Erziehung, insbesondere auf Basis der Organminderwertigkeit beliebig gezüchtet werden. Selbst die *Frühreife* kann niedergehalten oder gefördert werden. *Sadistische und masochistische Regungen* aber entwickeln sich erst aus den harmloseren Beziehungen von regelmäßig vorhandenem Anlehnungsbedürfnis und Selbständigkeitsregungen, sobald der männliche Protest in Frage kommt, mit seiner Aufpeitschung von Wut, Zorn und Trotz.

Das Sexualorgan entwickelt einzig und allein den sexuellen Faktor im Leben und in der Neurose. Sowie die Sexualität Beziehungen eingeht zum gesamten Triebleben und seinen Ursachen, so gilt dies von jedem anderen Trieb. Bevor der Sexualtrieb eine nennenswerte Größe erreicht, etwa am Ende des ersten Jahres, ist das psychische Leben des Kindes bereits reich entwickelt. *Freud* erwähnt die Auffassung aller Autoren, denen sich *Czerny* anschließt, daß Kinder, die sich beim Stuhlabsetzen trotzig benehmen, oft nervös werden. Im Gegensatz zu anderen Autoren führt er ihren Trotz darauf zurück, daß sie bei der Stuhlverhaltung sexuelle Lustgefühle haben. Ich habe keinen einwandfreien derartigen Fall gesehen, will aber nicht leugnen, daß Kinder, die derartige Kitzelgefühle bei der Retention haben, *wenn sie in die Trotzeinstellung geraten, gerade diese Art* des Widerstandes bevorzugen. Dabei ist aber doch der Trotz maßgebend, und die Organminderwertigkeit ist für die Lokalisation und Auswahl des Symptoms ausschlaggebend. Ich habe viel öfters beobachtet, daß derartige trotzige Kinder den Stuhl knapp vor oder nach der Inszenierung des nötigen Apparates oder auch neben dem Apparat produzieren. Dasselbe gilt vom Urinieren solcher Kinder, dasselbe aber auch vom Essen und Trinken. Man braucht gewissen Kindern das Trinken bloß einzuschränken und ihre »Libido« steigt ins Unermeßliche. Man braucht ihnen nur zu sagen, daß man auf regelmäßiges Essen Wert legt, und ihre Libido sinkt auf Null. Kann man diese »Libidogrößen« ernst oder gar energetisch nehmen und zu Vergleichen benützen? Ich sah einen 13 Monate alten Knaben, der kaum stehen und gehen gelernt hatte. Setzte man ihn in seinen Sessel, so stand er auf. Sagte man ihm: »Setze dich nieder«, so blieb er stehen und sah schelmisch drein. Seine sechsjährige Schwester rief ihm bei einer solchen Gelegenheit zu: »Bleib stehen!« und das Kind setzte sich nieder. Dies sind die Anfänge des männlichen Protestes, und die inzwischen aufkeimende Sexualität ist seinen Stößen und seinem Drängen fortwährend ausgesetzt. Auch die Wertschätzung des Männlichen beginnt auffällig früh. Ich sah einjährige Kinder, Knaben und Mädchen, die männliche Personen sichtlich bevorzugten. Vielleicht ist es der Klang der Stimme, das sichere Auftreten, die Größe, die Kraft, die Ruhe, die dabei den Ausschlag gibt. Ich habe auf diese Wertschätzung in einem Referat über *Jungs* »Konflikte der kindlichen Seele« kritisch hingewiesen. Sie löst regelmäßig den Wunsch aus, auch ein Mann zu werden. Neulich hörte ich ein Kind von zwei Jahren, einen Knaben, sprechen: »Mama dumm, Fräulein dumm, Toni (Köchin) dumm, Usi (Schwester) dumm, O-mama (Großmama) dumm!« Als er gefragt wurde, ob der Großpapa auch dumm sei, sagte er: »O-papa doß (groß).« — Allen fiel es auf. daß er den Vater ausgenommen hatte. Man hielt es für ein Zeichen des Respektes. Es war leicht zu verstehen, daß er die sämtlichen *weiblichen Mitglieder* seiner Umgebung für dumm erklären wollte, sich und die männlichen für klug. Er identifizierte dumm und weiblich, klug und männlich, *aber diese Gleichstellung verhalf ihm zur Geltung.*

Ich habe in mehreren Arbeiten hervorgehoben, daß vor allem die Kinder mit fühlbarer Organminderwertigkeit, Kinder, die an Fehlern leiden, deren Unsicherheit größer, deren Furcht vor Blamage und vor Strafe ausgiebiger ist, jene Gier *und jene Hast* entwickeln, die schließlich zur Neurose disponieren. Sie sehnen sich frühzeitig schon nach dem Beweis ihres Wertes *oder weichen Verletzungen ihrer Empfindlichkeit aas.* Sie sind schüchtern, erröten leicht, fliehen vor jeder Prüfung ihres Könnens und verlieren frühzeitig die Natürlichkeit des Benehmens. Dieser unbehagliche Zustand drängt mit Macht *nach Sicherungen.* Bald wollen sie gehätschelt sein, bald alles allein machen, sie schrecken vor jeder Arbeit zurück oder lesen ununterbrochen. In der Regel sind sie frühreif. Ihre Wißbegierde ist ein *kompensatorisches Produkt ihrer Unsicherheit* und greift frühzeitig auch nach den »Fragen über den Geburtshergang und über den Geschlechtsunterschied. Diese angestrengte und andauernde Phantasietätigkeit muß als ein Reiz für den Sexualtrieb aufgefaßt werden, sobald primitive Kenntnisse von Sexualvorgängen zustande gekommen sind. Auch hier gilt ihnen als Ziel der *Beweis ihrer Männlichkeit.*

Ich habe in der »Minderwertigkeitslehre« hervorgehoben, daß die Sexualminderwertigkeit mit ihrer oft größeren Lustempfindung zur Frühreife disponiert. Treffen, wie so häufig, männlicher Protest und größere Lustempfindung am Genitale zusammen, so resultieren Frühmasturbation und frühzeitige Sexualwünsche. Vorstellungen von den Schrecken und Schmerzen des Geburtsaktes, des Geschlechtsverkehrs sind es, die den *Protest in männlicher Richtung* weitertreiben. Wo in der Neurose Geburtsphantasien, Kastrationsgedanken oder analog zu verstehende Gedanken vom Untensein, von Atemnot, vom Überfahrenwerden usw. auftauchen, sind es weder Wünsche noch verdrängte Phantasien, sondern *symbolisch gefaßte Befürchtungen, zu unterliegen,* gegen die sich der Neu-rotiker zu sichern trachtet oder die er als *Warnungen* sich vor die Seele ruft. Ein nicht seltener Typus, den ich bisher nur selten in den Kreis meiner Erwägungen gezogen habe, meist Söhne starkgeistiger, männlicher Mütter, hat die *Angst vor der Frau* tief im Gemüte. In ihren Phantasien, spielt die männliche Frau häufig eine Rolle, das ist die Frau, die oben, ein Mann sein will. Oder sie haben die symbolische Phantasie des Penis captivus, d. h. sie fürchten, von der Frau nicht loszukommen, wobei das Bild vom Sexualverkehr der Hunde entlehnt ist. Um nun recht acht zu geben, übertreiben sie maßlos. Ihre eigene Sinnlichkeit erscheint ihnen riesenhaft, das Weib wird zum Dämon, und so wächst ihr Mißtrauen soweit, daß sie es geschlechtlich unbrauchbar macht. Sie müssen *jedes Mädchen peinlich prüfen, belauern, auf die Probe stellen* (Griselda!) Auch bei ihnen geht die Natürlichkeit der Beziehungen verloren.

Und es erhebt sich wieder die Frage: Ist *das, was uns der Neurotiker an Libido zeigt, echt?* Seine Frühreife ist erzwungen, sein Onaniezwang dient dem Trotz und der Sicherung gegen den Dämon Weib, seine Liebesleidenschaft geht bloß auf den Sieg, seine Liebeshörigkeit ist ein Spiel, darauf berechnet, sich dem ernsthaften Partner nicht zu unterwerfen, seine perversen Phantasien, ja selbst seine aktiven Perversionen dienen ihm nur dazu, sich von der Liebe fernzuhalten. Wohl sind sie ihm ein Ersatz, aber nur, weil er seine Heldenrolle spielen will und weil er fürchtet, auf normalem Wege unter die Räder zu kommen. Zumal das sogenannte »Kernproblem« der Neurose, die Inzestphantasie, hat meist die Aufgabe, den Glauben an die eigene, übermächtige Libido zu nähren und deshalb jeder »wirklichen« Gefahr so weit als möglich aus dem Wege zu gehen.

Ich gehe nunmehr an die Analyse eines Falles aus der letzten Zeit. Der betreffende Patient ist noch nicht entlassen. Die Struktur seiner Neurose liegt aber so weit klar, daß ich sie auszugsweise vortragen kann, um an ihr meine Behauptungen noch deutlicher zu machen.

Ein 22jähriger Bauzeichner klagt über Anfälle von Zittern in den Händen seit 1½ Jahren und häufige nächtliche Pollutionen. Die ersten Erkundungen ergaben: Verlor den Vater im fünften Lebensjahr. Der Vater konnte die letzten drei Jahre kaum allein stehen oder gehen und war auf beiden Augen erblindet. Erst in seinem 17. Lebensjahr erfuhr der Patient, daß sein Vater an Rückenmarksschwindsucht gestorben war; gleichzeitig gab man ihm als Ursache dieses Leidens übermäßigen Geschlechtsverkehr an. Diese Mitteilungen fielen in eine Zeit heftiger Masturbation und erfüllten den Patienten mit großem Schrecken für seine eigene Zukunft.

Für seine eigene Zukunft hatte er schon oft zu fürchten Gelegenheit gehabt. Zuerst als kleiner Knabe, da er, schwächlich' und kleiner als seine Geschwister und Gespielen, stets Schutz bei seiner Mutter suchte, die ihn als Jüngsten auffällig verhätschelte. Ängstlichkeit und Schüchternheit hafteten seinem Wesen stets an. Doch wurde er bald rechthaberisch, wollte unter seinen Gespielen stets die erste Rolle spielen und konnte deshalb nie Freunde erwerben. Sein Wissensdrang zeigte sich bald und zwar sowohl in sexuellen Dingen als in der Schule. Seine Sehnsucht war, ein großer Mann zu werden. Und so kam er als einziger einer großen Geschwisterschar in die Mittelschule. Eine Kindheitserinnerung, in der sich der männliche Protest seiner Kindheit widerspiegelt, ist folgende: *Wenn er im Grase auf dem Rücken lag, sah er oben in den Wolken das Bild seines Vaters.* Er, der weibliche Schwächling, in der weiblichen Position; oben der Vater, der Mann. Er hatte bis in die letzten Jahre weibliche Züge und mußte oft in seiner Kindheit beim Theaterspielen in weiblichen Kleidern Mädchenrollen spielen. Er schlief lange mit der um zwei Jahre älteren Schwester in einem Bett und befriedigte dort seine sexuelle Neugierde. In seinen Träumen gab es vereinzelt Inzestphantasien, die sich auf Mutter und Schwester bezogen. — Die Mutter hielt strenge auf Moral, und er hatte Gelegenheit, ihre Härte gegenüber den älteren Brüdern, sobald Liebesaffären vorfielen, zu beobachten. Bezüglich der Ehen ihrer Kinder sah sie in erster Linie auf materielle Güter und verfolgte eine ihrer Schwiegertöchter viele Jahre mit ihrem Hasse, weil sie arm in die Ehe getreten war. Alles in allem beherrschte ihn die Mutter in jeder Beziehung.

Erregungen und masturbatorische Berührungen kamen bei unserem Patienten vom 9. Lebensjahr an vor. Später hatte er häufig Sexualerregungen, wenn er in Mädchengesellschaft war. Als er im 14. Lebensjahr Masturbation zu üben begann, wurde ihm dadurch jede Mädchengesellschaft so sehr verleidet, daß er am liebsten allein blieb. Er vertiefte seine Überzeugung, daß seine Sexuallibido ungeheuer groß sei und kaum zu bewältigen. Als er von der Krankheit seines Vaters erfuhr und gleichzeitig annehmen mußte, daß dieser ebenso sinnlich wie er gewesen, gab ihm dies einen gewaltigen Ruck: er ließ von der Masturbation! Oft ließ er sich hinreißen, trotz seiner Furcht vor Erektionen, Mädchen zu küssen, um nachher längere Zeit alle Orte zu meiden, wo er Mädchen treffen konnte.

War nun seine Libido wirklich so groß, als er *annahm?* War sie vor allem so groß, daß er zu Sicherungen, wie die der Gesellschaftsangst greifen *mußte?* Manches spricht strikte dagegen. Er war in Verhältnissen auf dem Lande aufgewachsen, später allein an einer Provinzrealschule, wo Gelegenheiten zum Geschlechtsverkehr reichlich zu finden waren. Manches der Mädchen war ihm weit genug entgegengekommen. Als er von der Krankheit des Vaters hörte und von deren angeblicher Veranlassung, setzte er sofort mit der Masturbation aus. Er nahm bald nachher normalen Verkehr auf, übte diesen aber selten aus und ließ sich durch Gedanken an die Geldausgaben leicht davon abhalten. Mädchen, die ihm freiwillig entgegenkamen, verließ er nach ihrer Eroberung, aus Befürchtung, nicht mehr von ihnen loszukommen. Er stellt sich jedes Weib als einen Dämon vor und äußerst sinnlich, der ihn beherrschen will, dem gegenüber er schwach sein könnte, — und er bleibt *stark*. Dabei verachtet er die Frauen, hält sie für minderwertig, mißtraut ihnen und mutet ihnen stets egoistische Motive zu. Vor zwei Jahren wurde er mit einem schönen, aber armen Mädchen bekannt, zu dem er sich anfangs hingezogen fühlte. Als beide eine Heirat in Aussicht nahmen, war die Konsequenz die, daß er massenhafte Pollutionen bekam und bei Prostituierten Ejaculatio praecox oder Impotenz zeigte. Gleichzeitig machte er die Wahrnehmung, daß er im Amte zu zittern begann und seine Zeichnungen nur mit Mühe fertig brachte. Eine genauere Untersuchung ließ erkennen, daß er nur dann Zittern und Stocken beim Sprechen zeigte, wenn er tags vorher Verkehr oder eine Pollution gehabt hatte. Die naheliegende Annahme, daß er das Zittern bei seinem Vater gesehen habe und nunmehr nachahme, um sich zu schrecken, konnte Patient nicht bestätigen. Dagegen fiel ihm ein alter Professor der Mittelschule ein, der sowohl Zittern als Stocken in der Stimme zeigte, Erscheinungen, die unser Patient damals als Alterserscheinungen bei Leuten deutete, die in der Jugend viel Sexualverkehr gehabt hatten. Eine zweite Quelle, die er verwendete, ergab sich in einer Schrift über Pollutionen, in der als Folgen Zittern und Stocken der Stimme beschrieben wurden. Nähere Aufklärungen brachten seine Gedanken über die bevorstehende Heirat. Die Mutter wird unzufrieden sein. Seine reichen Verwandten würden ihn verachten. Das Mädchen heirate ihn nur aus materiellem Interesse. Sie sei sinnlich und werde ihn in den Taumel ihrer Sinnenlust hineinziehen. Er selbst sei sinnlich. Die Folgen seiner Masturbation, seiner Pollutionen und seines Verkehrs träten bereits ein. Und so zog er sich *auf Grund dieser Arrangements* wieder von dem Mädchen zurück, ohne recht zu wissen, wie er ganz von ihr loskommen könne. *Dieses Schwanken ist einem Nein gleichwertig, sichert ihn auch zugleich gegenüber anderen Mädchen.*

Er zittert also jetzt schon, um sich daran zu erinnern, was ihm dereinst droht. Er zittert, um seiner Urangst zu entgehen, wieder, wie einst bei der Mutter, unter die Gewalt eines Weibes zu kommen. Er zittert, um sich vor dem Schicksal des Vaters, vor dem Schicksal jenes alten Lehrers zu bewahren. Er zittert, um dem Dämon Weib, und um seiner eigenen Sinnlichkeit wie der des Mädchens zu entgehen. Und er zittert, um, entgegen seinem eigenen Wunsch, *dem der Mutter zu genügen,* die der Heirat abhold wäre, was aber in letzter Linie ihm nur wieder seine Abhängigkeit vom Weibe beweisen soll. — Deshalb seine Auffassung von seiner übergroßen Sinnlichkeit, sowie von der des Weibes, darum die häufigen Erektionen und Pollutionen, die zum größten Teil zustande kommen, *weil er sie will, weil er sie braucht, und weil er, um sie zu konstruieren, ununterbrochen an sexuelle Dinge denkt.* Und ich frage nochmals: *Wie soll man die Libido dieses Neurotikers abschätzen, wo alles gemacht, arrangiert, vergrößert, verzerrt,* ein tendenziös gekünsteltes und unnatürliches Produkt, Aktivum und Passivum zugleich, geworden ist?

Ein Traum des Patienten, der alle diese Züge wiedergibt, gleichzeitig *auch die bedeutsamste Tendenz des Traumes, die Sicherungstendenz,* hervorhebt, ist folgender:

»Ein Mädchen, jung, frisch, mit vollem Busen, sitzt nackt hingelehnt auf einem Diwan. Was sie sagte, weiß ich nicht. (Denkt an eine Dirne und zugleich, daß ihm beim Anblick der nackten Frau die Sinne schwinden.) Sie suchte mich zu verführen. (Der Dämon Weib.) Ich wollte darauf eingehen, aber im letzten Moment bekam ich das Bewußtsein, vor .einer Pollution zu stehen und hielt mich von ihr zurück. (Versuch, einen Weg ohne Frau zu nehmen. — Der ganze Traum zeigt die warnende Perspektive auf Pollutionen und Verkehr als die auslösenden Momente einer Tabes.)«

Die einfache Aufklärung, daß Tabes eine Folge von Lues sei, hatte keinerlei Wirkung. *Erst das Verständnis für seine übertriebenen Sicherungstendenzen* beendete das Zittern.

Wo ist nun das *Kernproblem dieser Neurose?* Die Inzestphantasie hatte gerade nur den Wert, ihm den Glauben an seine übergroße, verbrecherische Phantasie zu verbürgen. — *Die Verdrän-*

gung der Onanieneigung, die leicht gelang, mußte von einer anderen gleichwertigen oder besseren Sicherung gefolgt sein, von den Pollutionen. Erst *als er vor einer Ehe stand,* als er fürchtete, wieder wie einst *»unten«* zu sein, nicht wie der Mann, der Vater »oben«, unter den Einfluß einer Frau zu geraten und so seine Minderwertigkeit vor allen eingestehen zu müssen, wurde er *»krank«.* Daß er es ebensowenig vertrug, unter einem Manne zu stehen, den Kollegen gegenüber, die er fortwährend herabsetzen wollte, und mit denen er sich stets zerschlug, den Professoren gegenüber, die ihm in häufigen Prüfungsträumen drohend erschienen, seinem Vorgesetzten gegenüber, vor dem ihn an den bestimmten Tagen sein Zustand gewöhnlich überfiel, will ich nur nebenbei erwähnen.

Wie kommt die Sexualität in die Neurose und welche Rolle spielt sie also?

Sie wird frühzeitig geweckt und gereizt bei vorhandener Minderwertigkeit und starkem männlichen Protest, sie wird als *riesenhaft angesetzt und empfunden, damit der Patient sich davor rechtzeitig sichert,* oder sie wird entwertet und als Faktor gestrichen, wenn dies der Tendenz des Patienten dient. Im allgemeinen ist es nicht möglich, die Sexualregungen des Neurotikers oder Kulturmenschen als echt zu nehmen, um mit ihnen zu rechnen, geschweige sie, *in welcher Anschauungsform immer,* als den grundlegenden *Faktor des gesunden oder kranken Seelenlebens* weiterhin auszugeben. *Sie sind niemals Ursachen, sondern bearbeitetes Material und Mittel des persönlichen Strebens.*

Die wahre Einstellung zum Leben kann man *schon in den ersten Träumen und erinnerten Erlebnissen eines Menschen* deutlich wahrnehmen, ein Beweis, daß auch die Erinnerung an sie im Sinne eines planmäßigen Vorgehens konstruiert ist. Unser Fall gibt als die weitest zurückliegenden Träume, etwa aus dem 5. Lebensjahre, folgende an:

Erstens: »Ein Stier verfolgt mich und will mich aufspießen.«

Der Patient glaubt, den Traum kurz nach dem Tode seines Vaters geträumt zu haben, der an einer Rückenmarkschwindsucht lange Zeit sich zu Bette lag. Ziehen wir eine Verbindungslinie zu dem Phantasiebild des Vaters in den Wolken (Gott?), so drängt sich der Gedanke an eine Todesfurcht des Knaben auf. Die spätere »Rekonstruktion« *(Bierstein)* dürfte auf die Tabes des Vaters und dessen Tod, die den Patienten so stark ergriffen hatte, Rücksicht genommen haben. Der Stier muß ferner dem auf dem Lande aufgewachsenen Knaben als *männlich* erschienen sein, was ihn, den Verfolgten, in einer unmännlichen, für die primitiv gegensätzliche Anschauung des Kindes also weiblichen Rolle des Verfolgten zeigte. Auch wer nicht so weit in der Deutung gehen will, dürfte aber das Gemüt dieses Kindes als von düsteren Ahnungen erfüllt nachempfinden können.

Der zweite Traum setzt diese schlimmen Erwartungen fort. *Es war ihm, als sei er abgestürzt und auf eine harte Unterlage gefallen.* Solche Fallträume deuten immer auf eine ins Pessimistische gerückte Vorsicht des Träumers, die mit bösen Möglichkeiten, mit dem »Untensein«, schreckt.

Die älteste Erinnerung seines wachen Lebens glaubt er darin zu finden, daß er am ersten Schultag mit *unaufhaltsamer Schnelligkeit in die Mädchenschule seinen Weg nahm und sich nur unter Tränen in die Knabenschule abweisen ließ.* Wir dürfen dies als ein Gleichnis seiner Sehnsucht ansehen, nicht krank, elend, tot, »unten«, wie der Vater, sondern entsprechend einer weiblichen Rolle, die er bei seiner starken Mutter fand (die nach allgemeiner Aussage *wie ein Mann* die Wirtschaft führte), gesund, kraftvoll und lebendig seine Zukunft zu suchen.

Das Zögern, der Mangel einer Vorbereitung in seiner männlichen Rolle mit allen dazugehörigen Erscheinungen, auch der krankhaft-nervösen, war also die Achse seines Seelenlebens geworden. Ihr entsprachen dann freilich auch die mit Notwendigkeit erwachsenen Erscheinungen seines *Sexuallebens.*

II. »Verdrängung« und »männlicher Protest«; ihre Rolle und Bedeutung für die neurotische Dynamik

Ich darf in diesem Kreise die Kenntnis des Wesens der »Verdrängung«, wie es von *Freud* entworfen und geschildert wurde, als gegeben voraussetzen. Die Ursachen der Verdrängung aber und der Weg, der von der Verdrängung zur Neurose führt, sind durchaus nicht so klar, als man in der Freudschule gemeiniglich annimmt. Die Zahl der Hilfsvorstellungen, die bei den Erklärungsversuchen zutage treten, sind überaus groß, und sie erweisen sich oft als unbewiesen oder aber gar als unbeweisbar. Gar nicht von denen zu reden, die (in plattester Weise) eine Analogie aus der Physik oder Chemie zu Hilfe nehmen, von »Stauung« und »erhöhtem Druck«, von »Fixierung«, vom »Zurückströmen in infantile Bahnen«, von »Projektionen« und »Regression« reden.

Schon die Ausführungen über die Ursachen der Verdrängung erweisen sich in den Arbeiten dieser Schule als äußerst summarisch gefaßt, als dogmatisch gebrauchte Klischees, freilich auch als Intuitionen, deren Grundlagen festzustellen sich immer lohnt. Das Problem der gelungenen und mißlungenen Verdrängung wird nur rätselhafter, wenn man es auf die »sexuelle Konstitution« zurückführt, die einfache Konstatierung zeigt aber nur den Mangel einer gegenwärtigen psychologischen Einsicht. Die Ursachen der »Sublimierung«, der »Ersatzbildungen«, sind ebenfalls nicht ergründet, sofern man einfach Tautologien als Tatsachen hinnimmt. Die »organische Verdrängung« erscheint da nur als ein Notausgang, als Beweis einer Denkmöglichkeit von Umänderungen der Betriebsformen und hat mit der Theorie der Neurosen kaum etwas zu schaffen.

So kommen zur Betrachtung: verdrängte Triebe und Triebkomponenten, verdrängte Komplexe, verdrängte Phantasien, verdrängte Erlebnisse und verdrängte Wünsche. Und über allen schwebt als Deus ex machina *eine Zauberformel:* die Lust, von der *Nietzsche* so schön sagt: »Denn alle Lust will Ewigkeit, will tiefe, tiefe Ewigkeit.« Und *Freud:* »Der Mensch kann auf jemals empfundene Lust nicht verzichten.« Und so kommen dann — unter dieser Voraussetzung — jene drastischen Gebilde zustande, die jede Schülerarbeit aufweisen muß: der Knabe, der an der Brust der Mutter saugen muß, der Neurotiker, der den Genuß, mit Wein oder Fruchtwasser bespült zu werden, immer wieder sucht, bis hinauf zu den reineren Sphären, wo dem Suchenden kein Mädchen recht ist, weil er die unersetzliche Mutter sucht. War diese Art der Beobachtung, so bedeutend auch der Fortschritt war, den hier diese Methode schuf, geeignet, die in Wirklichkeit *arbeitende und auf Zukünftiges bedachte Psyche* zu vergegenständlichen und so in eine starre Form zu bringen, so war die Festlegung auf den Begriff des *Komplexes* ein weiterer Schritt, die *räumliche Anschauung über die dynamische zu setzen.* Natürlich ging dies nie so weit, daß man nicht das energetische Prinzip, das Jtctvta *gel,* nachträglich hineinzubringen versucht hätte.

Die Frage lautet doch: ist das treibende Moment in der Neurose die Verdrängung oder, wie ich vorläufig unpräjudizierlich sagen will, die *andersartige, irritierte Psyche,* bei deren Untersuchung auch die Verdrängung zu finden ist? Und nun bitte ich zu beachten: Die Verdrängung geschieht unter dem Druck der Kultur, unter dem Druck der »Ichtriebe«, wobei Gedanken an eine abnorme sexuelle Konstitution, an sexuelle Frühreife zu Hilfe genommen werden. — Frage: Woher stammt unsere Kultur? Antwort: Aus der Verdrängung. — Und die »Ichtriebe«, ein Begriff, so pleonastisch und inhaltslos wie wenig andere? Haben sie nicht den gleichen *»libidinösen«* Charakter wie der Sexualtrieb? Faßt man aber die Ichtriebe nicht als etwas Starrgewordenes, Individuelles, sondern entsprechend den Feststellungen der Individualpsychologie als die *Anpassung und Einstellung gegen die Außenwelt* auf, als ein Geltenwollen, als ein Streben nach Macht, nach Herrschaft, nach Oben, so muß man theoretisch wie praktisch zwei Möglichkeiten ins Auge fassen: 1. Das Geltenwollen kann auf gewisse Triebe hemmend, verdrängend, modifizierend einwirken. 2. Es muß vor allem steigernd einwirken. — Nun ist das Unwandelbare, für unsere Betrachtung Unveränderliche die Kultur, die Gesellschaft, ihre Einrichtungen, und unser Triebleben, dessen Befriedigung eigentlich als Zweck gedacht wird, muß sich begnügen, bloß *als richtunggebendes Mittel* aufzutreten, um, zumeist in ferner Zeit, Befriedigungen einzuleiten. Unser Auge, das Ohr, auch die Haut haben die eigentümliche Fähigkeit erlangt, unseren Wirkungskreis über die körperlich räumliche Sphäre hinaus zu erstrecken, und unsere Psyche tritt auf dem Wege der Vorempfindlichkeit aus der Gegenwart, also zeitlich, außer die Grenzen dieser primitiven Triebbefriedigung. Hier sind *erhöhte Anspannungen* ebenso dringlich als Verdrängungen, in diesen Beziehungen liegt die Nötigung zu einem ausgebreiteten *Sicherungssystem, deren einen kleinen Teil wir in der Neurose zu erblicken haben.* Das heißt aber: *die Neurose ist in erster Linie Sicherung!*

Die Anspannungen aber beginnen am ersten Tage der Kindheit und wirken dermaßen verändernd auf alle körperlichen und psychischen Tendenzen, daß das, was wir sehen, *niemals etwas Ursprüngliches,* Unbeeinflußtes darstellt, etwa erst von einem späteren Zeitpunkt an Verändertes, sondern *die Einfügung des Kindes richtet* und modifiziert sein Triebleben so lange, bis es sich in irgendeiner Art an die Außenwelt angepaßt hat. In dieser ersten Zeit eines psychischen Lebens kann von einer dauernden Vorbildlichkeit nicht gesprochen werden, auch nicht von Identifizierung, wenn das Kind sich nach einem Vorbild richtet. Denn dies ist oft der einzige Weg und die einzige Möglichkeit zur Triebbefriedigung.

Bedenkt man nun, in welch verschiedener Art und wie verschiedenem Tempo allerorts und zu allen Zeiten sich die Triebbefriedigung durchgesetzt hat, wie sehr sie von gesellschaftlichen Einrichtungen und von der Ökonomie abhängig war, so kommt man zu einem dem Obigen analogen Schlüsse, daß die Triebbefriedigung und damit die Qualität und Stärke des Triebes *jederzeit variabel und daher für uns unmeßbar ist. Erinnern* Sie sich, daß ich in meinem Vortrage über »Sexualität und Neurose« aus den Beobachtungen über den Sexualtrieb der Neurotiker gleichfalls zu dem Schlüsse gekommen bin, *daß die scheinbar libidinösen und sexuellen Tendenzen in der Neurose wie auch beim Normalen durchaus keinen Schluß auf Stärke oder Zusammensetzung des Sexualtriebes zulassen.*

Wie vollzieht sich nun die Anpassung eines Kindes an ein bestimmtes familiär gegebenes Milieu? Erinnern wir uns, wie verschieden sich die Äußerungen des kindlichen Organismus gestalten, und zwar, wo der Überblick noch am ehesten möglich ist, in den ersten Monaten. Die einen bekommen nie genug, die anderen verhalten sich recht gemäßigt bei der Nahrungsaufnahme, manche lehnen Änderungen in der Nahrung ab, andere wollen alles aufnehmen. Ebenso beim Sehen, beim Hören, bei der Exkretion, beim Baden, bei den Beziehungen zu den Personen der Umgebung. In den ersten Tagen schon fühlt sich das Kind beruhigt, wenn man es auf den Arm nimmt, Erziehungseinflüsse, die dem Kind den Weg ebnen, sind da von großer Tragweite. Schon in diesen ersten Anpassungen liegen Gefühlswerte gegenüber den umgebenden Personen. Das Kind ist beruhigt, fühlt sich sicher, liebt, folgt usw., oder wird unsicher, ängstlich, trotzig, ungehorsam. Greift man frühzeitig mit kluger Taktik ein, so resultiert ein Zustand, den man etwa mit sorgloser Heiterkeit, *Versöhnlichkeit,* bezeichnen könnte, und das Kind fühlt kaum *den Zwang, der in jeder Erziehung steckt.* Erziehungsfehler, insbesondere bei mangelhaft ausgebildeten Organen, führen zu so häufigen Benachteiligungen des Kindes und zu Unlustgefühlen, daß es *Sicherungen* sucht. Im großen und ganzen bleiben da zwei Hauptrichtungen bestehen: *zu weit gehende Unterwerfung oder Auflehnung und Hang zur Selbständigkeit.* Gehorsam oder Trotz — die menschliche Psyche ist fähig, in jeder dieser Richtungen zu arbeiten.

Diese beiden richtunggebenden Tendenzen modifizieren, verändern, hemmen und erregen jede Triebregung so sehr, daß, was immer angeborenerweise sich als Trieb geltend macht, von diesem Punkte aus nur zu verstehen ist. »Schön ist häßlich, häßlich — schön«, wie Macbeths Hexen singen. Trauer wird Freude, der Schmerz wandelt sich in Lust, das Leben wird verworfen, der Tod erscheint begehrenswert, sobald die Trotzregungen stark ins Spiel eingreifen. Was dem anderen lieb ist, wird gehaßt, was andere verwerfen, hoch gewertet. Was die Kultur verbietet, was Eltern und Erzieher widerraten, gerade das wird zum heißersehnten Ziel auserkoren. Ein Ding, eine Person erlangen nur Wert, wenn andere darunter leiden. Stets verfolgen sie andere und glauben sich doch immer verfolgt. So wächst eine Gier, eine Hast des Verlangens heran, die nur *eine* große Analogie besitzt, den mörderischen Kampf aller gegen alle, die Anfachung des Neides, des Geizes, der Eitelkeit und des Ehrgeizes in unserer modernen Gesellschaft. — Die Spannung von Person zu Person ist beim Nervösen zu groß, sein Triebbegehren ist derart aufgepeitscht, daß er in unruhiger Erwartung stets seinem Triumph nachjagt. So erklärt sich das

Festhalten an alten Kinderfehlern wie Lutschen, Enuresis, Kotschmieren, Nägelbeißen, Stottern usw., und man kann in diesen Fällen getrost von Trotz reden, wenn einer derartige, scheinbar »libidinöse« Regungen dauernd beibehalten hat.

Das gleiche gilt von der sogenannten Frühmasturbation, von der sexuellen Frühreife und verfrühtem Geschlechtsverkehr. Ich kannte ein i7jähriges Mädchen aus gutem Hause, das seit seinem 14. Lebensjahr häufigen Geschlechtsverkehr hatte. Dabei war es frigid. So oft es mit der Mutter zankte, was immer nach kurzen Pausen eintrat, wußte es sich Geschlechtsverkehr zu verschaffen. Ein anderes Mädchen näßte das Bett nach jeder Herabsetzung von seiten der Mutter und beschmierte es mit Kot.

Schlechter Fortgang in den Studien, Vergeßlichkeit, mangelnde Freude am Beruf, Schlafzwang zeigen sich als *Protesterscheinungen* beim Nervösen und werden als wertvoll, ich sage nicht lustvoll, im Kampfe gegen einen Gegenspieler beibehalten. Einen Teil dieser Psyche schildert Siegmund in *Wagners* Walküre: »Wie viel ich traf, wo ich sie fand, ob ich um Freund, um Bruder warb, immer doch war ich geächtet, Unheil lag auf mir. Was Rechtes je ich riet, andern dünkte es arg, was schlimm immer mir schien, andere gaben ihm Gunst. In Fehde fiel ich, wo ich mich fand. Zorn traf mich, wohin ich zog. Giert' ich nach Wonne, weckt' ich nur Weh: drum mußt' ich mich Wehwalt nennen, des Wehes waltet' ich nur.« —

So entwickelt sich die Charakterologie des Neurotikers, die ich am ausführlichsten in der »Disposition zur Neurose« geschildert habe.

Woher stammt nun diese Gier nach Geltung, diese Lust am Verkehrten, dieses trotzige Festhalten an Fehlern und diese Sicherungsmaßregeln gegen ein Zuviel und Zuwenig, in welch' letzterem Falle der Patient zur Selbstentwertung schreitet, nur um sich hinterher oder andernorts zu behaupten?

Wie Sie wissen, habe ich zwei Durchgangspunkte der psychischen Entwicklung dafür verantwortlich gemacht, die ich hier nur kurz anführe. Der eine liegt im Aufkeimen eines beträchtlicheren *Minderwertigkeitsgefühles,* das ich meist im Zusammenhang mit minderwertigen Organen beobachtet habe, der andere ist ein mehr oder weniger deutlicher Hinweis auf eine ehemalige Befürchtung einer weiblichen Rolle. Beide unterstützten das Auflehnungsbedürfnis und die Trotzeinstellung so sehr, daß stets neurotische Züge sich entwickeln müssen, ob der Betreffende nun als Gesunder gilt, als Neurotiker in Behandlung steht, als Genie oder als Verbrecher sich einen Namen macht.

Und von diesem Punkte aus wird nun das Gefühlsleben *verfälscht,* es handelt sich nicht mehr um einfache, natürliche Beziehungen, sondern um ein Hasten und Haschen nach vermeintlichen Triumphen, die lockend und werbend in seiner Zukunft vor ihm zu liegen scheinen und seine krankhafte Einstellung dauernd festhalten. Der Neurotiker lebt und denkt auch viel weiter in die Zukunft als der Normale und weicht meist den gegenwärtigen Prüfungen aus. Sehr häufig verbirgt sich der Charakter des Neurotikers, und so konnte es geschehen, daß man, als ich davon zu sprechen begann, diese Charakterzüge als selten, als Eigentümlichkeiten des Verschrobenen auffassen wollte. Was sagt der Neurotiker zu diesen seinen Charakterzügen? Manche wissen davon, wenn sie auch nicht den ganzen Umfang oder gar die Tragweite kennen. Viele haben es einmal gewußt und dann vergessen. Aus Ehrgeiz und Eitelkeit. Sie sichern sich dann vor diesen sie entwürdigenden Egoismus durch eine Art gegenteiligen Handelns. Immer sehen wir dabei, daß egoistische Triebregungen entwürdigender Art, z. B. Geiz, Rachsucht, Bosheit, Grausamkeit von solchen wertvollen, ethischen Regungen abgelöst erscheinen. Also *muß doch die »Sucht zu gelten« drinnen stecken, die Führung übernommen haben!* Ein schönes Beispiel dieser Triebverdrängung habe ich in einem Vortrage in der Philosophischen Gesellschaft in Wien (S. 48 dieses Bandes) mitgeteilt. Es betraf einen Fall von Stottern, einem Leiden, das in jedem Punkte durch den Mechanismus des männlichen Protestes konstituiert wird. Der Patient hatte ein Geschenk von 200 K. im 7. Bezirke Wiens zu wohltätigen Zwecken abgeliefert, sollte in einem vornehmen Restaurant der inneren Stadt pünktlich eintreffen, verspürte schon großen Hunger und ging mißmutig und matt zu Fuß den weiten Weg. Er wollte 12 Heller ersparen, wie sich bei der Analyse herausstellte. Wie bei allen Neurosen, kam bei ihm zutage: er wollte *alles haben,* alles Geld, alle Weiber, alle Seelen, und suchte beständig andere zu entwerten. Auf die Wertschätzung, die man ihm entgegen brachte, achtete er gierig. Er konnte asketisch leben, wo es ihm Geltung verschuf, konnte übereifrig studieren, wenn es sich darum handelte, anderen den Rang abzulaufen, konnte wohltätig sein, wenn man es sah, geizte aber im kleinen, wenn er sich unbemerkt glaubte. Wo einer etwas leistete, war er verstimmt, wo einer gefiel, griff er an. Unaufhörlich lag er mit seinem Vater im Kampf und schreckte vor Selbstmorddrohungen nicht zurück, wenn er seinen Willen haben wollte. Das Stottern war gegen seinen Vater gerichtet, machte dem einen Strich durch die Rechnung und verhalf meinem Patienten zu größerer Bewegungsfreiheit. Zugleich sicherte es ihn vor der Ehe. Jedes Verhältnis brach er nach einiger Zeit ab mit der Motivierung, solange er stotterte, könne er nicht heiraten. Diese Erscheinung der »langen Liebesreihe«, wie *Freud* sie nennt und fälschlich auf den »Ödipuskomplex« bezieht, kam in Wirklichkeit zustande, weil er alle Frauen wollte (wie Don Juan), und weil er zweierlei fürchtete und sich davor sichern wollte. 1. daß er von einer Frau beherrscht werden, ihr dienstbar sein, andere aber aufgeben sollte; 2. daß er bei seinem Egoismus, der ihm allerdings nur gefühlsmäßig, nicht aber gedanklich bewußt war, ein schlechter Gatte und Vater sein müßte, von Frau und Kindern deshalb zur Strafe betrogen werden müßte. Die Aufdeckung dieser Protestcharakterzüge ergibt sich mir in der Regel als erstes Stück der Analyse, ist gewöhnlich von einer Besserung gefolgt, regelmäßig aber von heftig einsetzendem Widerstand, der sich in Versuchen zur Entwertung des Arztes kundgibt. Einer meiner Patienten kam aus Ungarn in meine Kur, wie sich in der Analyse herausstellte, weil er es nicht vertragen konnte, daß seine von mir geheilte Schwester gut von mir sprach. Sie werden sagen, er war in seine Schwester verliebt. Richtig! *Aber nur dann, wenn diese gut von einem Manne dachte.* Anfangs war er höflich, demütig fast und bescheiden, strotzte von Biederkeit und Wahrheitsliebe. Als ich ihm seine Rachsucht, Bosheit, Verlogenheit und seinen Neid nachwies, tobte er längere Zeit, gab schließlich alles zu, erklärte aber, er müsse nun bei mir in der Kur bleiben, bis er gesund sei, und wenn das mehrere Jahre dauerte. Als ich ihm antwortete, er werde so lange bleiben, als ich es für gut befände, saß er einige Zeit lang sinnend da. Dann fragte er mich lächelnd: »Hat sich bei Ihnen in der Kur schon jemand das Leben genommen?« Ich antwortete ihm: »Noch nicht, aber ich bin jederzeit darauf gefaßt. — Dieser Patient litt unter anderem auch an Schlaflosigkeit. Er drängte auf Besprechung dieses Symptoms, mit der Erklärung, daß er schon zufrieden wäre, wenn er seinen Schlaf bekäme. Die Aufklärung ging glatt von statten und er hatte bereits längere Zeit seinen vollen Schlaf erreicht, bevor er mir davon Mitteilung machte.

Also hatte ja dieser Patient seine Charakterzüge verdrängt? Keineswegs. Sein ganzer männlicher Protest kam klar zutage, allerdings in einer Art, daß er weder nach innen noch nach außen allzu viel Anstoß erregte. Ähnlich aber schildert ja *Freud* das Ergebnis der mißglückten Verdrängung. Die Spuren der verdrängten Triebregungen sind in der Neurose stets deutlich zu erkennen, eine Erkenntnis, zu der *Freud* selbst manches beigetragen hat. Sie sind zu erkennen nicht bloß in den Phantasien des Neurotikers und in seinem Traumleben, sondern vor allem mittels der psychologischen Analyse, die uns die kleinen und großen Disharmonien und Inkongruenzen des Seelenlebens sehen lehrt und uns deren Einordnung gestattet.

Freilich ist die Arbeit noch recht unvollständig, wenn erst die Aufdeckung der neurotischen Charakterologie vorliegt. Aber sie ist wichtig vor allem, weil ihre Kenntnis den Patienten *warnt.* Das schwierigere Stück der Kur führt dann nach meinen Erfahrungen regelmäßig zu den zwei Durchgangspunkten der psychischen Entwicklung des Neurotikers, zu den Quellen der Neurose, *dem Gefühl der Minderwertigkeit und dem männlichen Protest.*

Nun die von Ihnen gewiß schon mit brennender Begier erwartete Hauptfrage: Wodurch erkrankt der Neurotiker? Wann wird seine Neurose manifest? *Freud* hat diesem Punkte weniger Aufmerksamkeit geschenkt. Doch wissen wir, daß er eine Gelegenheitsursache annimmt, bei der die Verdrängung stärker, der alte psychische Konflikt wieder neu genährt wird. Es läßt sich nicht leugnen, daß hier Unklarheiten vorliegen. Vielleicht ist die heutige Diskussion berufen, sie zu lösen. — Nach meiner Erfahrung antwortet der neurotisch Disponierte, der eigentlich stets leidet, auf *jede Erwartung oder auf jedes Gefühl der Herabsetzung* mit einem akuten oder chronischen

Anfall. Letzterer gibt uns den Zeitpunkt, von dem wir den Ausbruch der Neurose datieren. Wenn nun neuerlich Triebverdrängungen eintreten, so sind dies Begleiterscheinungen, die sich unter dem erhöhten Zwang des männlichen Protestes, unter dem Druck des Geltungsdranges und der Sicherungstendenzen bilden. Ich will dies an unserem Falle aus meinem letzten Vortrage demonstrieren. Unser Patient erinnert sich, zuerst beim Geigenspielen gezittert zu haben, zu einer Zeit, wo er mit einem Eheversprechen an Albertine, das von ihm scheinbar heißgeliebte Mädchen, herausrücken sollte. Er hörte deshalb auf, Violine zu spielen. Nun erfahren wir folgendes: Albertine war eine vorzügliche Klavierspielerin, weshalb er oft daran denken mußte, daß er sie gerne auf der Violine begleitet hätte, wenn er nur besser spielen gekonnt hätte. Und in der Ehe gar hätte es ein Konzert gegeben, bei dem ihm seine Frau entschieden *über* gewesen wäre. Solcher Art aber war die Furcht seines ganzen Lebens gewesen, eine Frau, die ihm überlegen wäre. Ich habe noch keinen Neurotiker getroffen, der nicht mindestens heimlich von dieser Furcht benagt würde. Aus der Literatur erwähne ich bloß den Fall Ganghofers, den *Alexander Witt* im 4. Heft des Zentralblattes für Psychoanalyse, I. Jahrgang, zum Abdruck bringt, ferner einen ganz analogen Fall aus *Stendhals* Erinnerungen. In beiden Fällen handelt es sich um Kindheitserinnerungen, bei denen eine Frau über das Kind wegschreitet. Phantasien von Riesinnen, Walküren, von Frauen, die Knaben binden oder schlagen, die zuweilen im Pseudomasochismus zur Ausführung gelangen, Märchen von weiblichen Unholden, Nixen. Nymphen, Frauen mit männlichen Genitalien, mit einem Fischschwanz oder ähnlich der Jugenderinnerung Leonardo da Vincis sind häufig und finden ihr gleichwertiges und gleichsinniges Gegenstück in den ebenso häufigen Geburtsphantasien, Kastrationsgedanken und Wünschen nach einer Mädchenrolle. Letzterer Wunsch erscheint oft äußerst abgeschwächt, verblaßt bis zur Frage: Was wohl ein Mädchen fühle? —

Wie Sie sich entsinnen, hatte auch unser Patient eine analoge Kindheitserinnerung, daß eine Magd sich über ihm befunden habe. Sie war nicht verdrängt, auch nicht vergessen, aber sie befand sich scheinbar *außer allem Zusammenhang mit seinem gegenwärtigen oder früheren psychischen Zustand. Sie war all ihrer Bedeutung entkleidet worden.* War sie etwa ein wirksames Agens gewesen? Niemand kann das annehmen. Aus seiner Vorgeschichte tauchen Erinnerungen an die energische Mutter auf, die als Witwe ihr großes Gut verwaltete, die ohne Mann ihr Auskommen fand, und von der die Leute sagten, *sie sei wie ein Mann.* Diese Mutter, die ihn verhätschelte, aber doch auch strafte, war ihm entschieden überlegen. Als dann seine Sehnsucht erwachte, daß er, das schwächliche Kind mit weiblichem Habitus, der oft verlachte und bestrafte Bettnässer, zum Manne werde, als er in Gedanken, Träumen und im trotzigen Bettnässen seinem männlichen Protest Ausdruck verlieh, kamen ihm Erinnerungen zu Hilfe wie die, daß er oft in weiblicher Kleidung Theater spielte, daß er am ersten Schultag mit seinen älteren Schwestern, an die er sich am meisten gewöhnt hatte, *in die Mädchenschule lief* und sich unter Tränen weigerte, zu den Knaben zu gehen. Und immer noch gab es Verschärfungen, die ihn weiter in den männlichen Protest trieben. Die Crines pubis ließen lange auf sich warten, sein Genitale schien ihm kürzer als das seiner Altersgenossen. *Er steckte sein Ziel nur um so höher,* wollte Hervorragendes leisten, der Erste in der Schule, im Amte werden, bis er an Albertine kam, deren Überlegenheit er fürchtete. Er hatte alle Mädchen und Frauen, seine Mutter insgesamt entwertet, aber *aus Furcht.* Mit den gewöhnlichen Mitteln. Sie hätten keinen Verstand, keine Selbständigkeit, seien leichtfertig. (Siehe Hamlet: »Oh, ich weiß auch mit Euren Mätzchen Bescheid. Ihr tänzelt, Ihr trippelt, Ihr gebt Gottes Kreaturen verhunzte Namen und stellt Euch aus Leichtfertigkeit unwissend. Geht mir, es hat mich toll gemacht!«) Auch hätten sie einen schlechten Geruch. — Nebenbei: Diese »Geruchskomponente«, der *Freud* wiederholt eine besondere Wichtigkeit als *libidinöser Komponente* zugeschrieben hat, erweist sich mir immer mehr als neurotischer Schwindel. Eine Patientin, 54 Jahre alt, die aus Furcht vor dem Kindergebären schwer neurotisch geworden ist, träumt gegen Ende der Kur den nicht mißzuverstehenden Traum: »Ich packe Eier aus. Alle stinken. Ich sage: Pfui, wie sie stinken.« Am nächsten Tage sollte ihr Mann kommen. Sie hat bereits alle medizinischen Kapazitäten Deutschlands und Österreichs entwertet. — Eine neurotische Schauspielerin kam auf Liebeserlebnisse zu sprechen. Sie sagt: »Ich schrecke keineswegs davor zurück. Ich bin eigentlich ganz amoralisch. Nur eins: Ich habe gefunden, daß alle Männer stinken, und dagegen kehrt sich meine Ästhetik.« Wir aber werden verstehen: Bei einer derartigen Einstellung kann man ohne Gefahr amoralisch sein. In der »Lehre vom Widerstand« finden Sie einige solcher Fälle zusammengestellt. — Die männlichen Neurotiker machen es ebenso. Es ist die Rache an der Frau. Europäer und Chinesen, Amerikaner und Neger, Juden und Arier werfen sich gegenseitig ihren Geruch vor. Ein vierjähriger Knabe sagt, so oft er bei der Küche vorbeigeht: »Es stinkt.« Er lebt mit der Köchin in Feindschaft. — So auch unser Patient. Wir wollen diese Erscheinung als *Entwertungstendenz* bezeichnen, der analog die Fabel vom Fuchs und den sauren Trauben zusammengesetzt erscheint. —

Woher stammt die *Entwertungstendenz?* Aus der Furcht vor einer Verletzung der eigenen Empfindlichkeit. Sie ist also gleichfalls Sicherungstendenz, eingeleitet durch den Drang nach Geltung. Und steht psychisch im gleichen Rang mit dem Wunsche, oben zu sein, sexuelle Triumphe zu feiern, zu fliegen, auf einer Leiter oder Treppe oder am Giebel eines Daches (»Baumeister Solneß«) zu stehen. Fast regelmäßig findet man beim Nervösen die Tendenz, die Frau zu entwerten und mit ihr zu verkehren, eng nebeneinander. Ja, das Gefühl des Neurotikers spricht es deutlich aus: Ich will die Frau durch den Sexualverkehr entwerten, herabsetzen. Er läßt sie auch dann leicht stehen und wendet sich andern zu. Ich habe dies den Don *Juancharakter des Neurotikers* genannt, es ist nichts anderes als *Freuds* »Liebesreihe«, die er phantastisch deutet. Und die Entwertung der Frau, der Mutter sowohl wie aller Frauen, führt dazu, daß sich mancher der Neurotiker zur Dirne flüchtet, wo er sich die Arbeit der Entwertung spart und noch obendrein seine Angehörigen vor Wut platzen sieht. Der Knabe sieht oder ahnt, daß es männlich ist, oben zu sein. Zumeist ist die Mutter die Frau, der gegenüber er das Pathos der Distanz herzustellen sucht. Ihr gegenüber will er den Mann spielen, um sie zu entwerten, sich zu erhöhen. Er schimpft sie wohl auch und schlägt sie oder lacht sie aus, wird unfolgsam und störrisch gegen sie, versucht zu kommandieren usw. Ob und wieviel Libido dabei im Spiele ist, ist vollkommen gleichgültig. Auch gegen andere Mädchen und Frauen wendet sich sein männlicher Protest, zumeist in der Linie des geringsten Widerstandes auf Dienstboten und Gouvernanten. Später verfällt er auf Masturbation und Pollution, nicht ohne damit Sicherungstendenzen gegen den Dämon Weib zu verbinden. So auch unser Patient. Als er sein Ziel bei der Mutter nicht erreichen konnte, ihr Herr zu sein, wendet er sich dem Dienstmädchen zu, wo ihm dies mit 6 —7 Jahren besser gelingt. Er sieht sie nackt und greift ihr unter die Röcke. Bis in die Gegenwart war diese Art der sexuellen Aggression seine hauptsächlichste Betätigung. Nur bei Prostituierten kam er zum Koitus, — bis es sich als notwendig erwies, sich zu beweisen, daß er nicht heiraten könne. Da stellten sich Pollutionen und Impotenz ein, und die Furcht vor seiner unbändigen Sexualität samt ihren vermeintlichen Gefahren der Paralyse und des Zitterns im Alter trat ihm vor die Augen. Oder besser gesagt: Zittern und Stammeln stellten sich ebenso wie Pollutionen und Impotenz ein, weil sie ihn vor einer Ehe zu sichern in der Lage waren. — Wahrscheinlich hätte er rechtzeitig abgebrochen und wäre vor der ausbrechenden Neurose bewahrt geblieben, wenn nicht ein Dritter am Plan erschienen wäre. Dies war für seinen Stolz zu viel. Nun konnte er nicht weichen und wollte doch nicht zugreifen. Seine »libidinösen« Strebungen, der Wunsch, Albertine *zu besitzen,* erfüllte sein ganzes Bewußtsein, aber das Unbewußte sagte ein starres Nein und drängte ihn von der Brautwerbung ab, indem es Symptome arrangierte, die gegen eine Ehe sprachen. Ganz gleichwertig im Bewußtsein ist der Gedanke: ich kann *erst* heiraten, *wenn* ich eine gute Stelle bekleide. Gleichzeitig aber stellen sich Krankheitserscheinungen ein, die eine Vorrückung im Amte unmöglich machen.

Was hat unser Patient »verdrängt«? Seinen Sexualtrieb, seine Libido etwa? Er war sich ihrer so sehr bewußt, daß er fortwährend daran dachte, sich davor zu sichern. Eine Phantasie? Kurz ausgedrückt war seine Phantasie *die Frau über ihm,* die Frau als die Stärkere. Es bedurfte aller meiner Vorarbeiten, um den Zusammenhang dieser und ähnlicher Phantasien und der Neurose sichtbar zu machen. Und nun stellte sich heraus, diese Phantasie ist selbst nur *ein Schreckbild* für den Patienten, aufgerichtet und festgehalten, *um selbst auf Schleichwegen Geltung zu erhalten!* Hat er libidinöse Regungen zur Mutter verdrängt? Das heißt, ist er am »Ödipuskomplex« erkrankt? Ich sehe genug Patienten, die ihren »Ödipuskomplex« genau kennen, ohne Besserung zu empfinden. Wenn man erst dem männlichen Protest darin Geltung trägt, dann kann man gerechterweise nicht mehr von einem Komplex von Phantasien und Wünschen reden, sondern wird auch den scheinbaren »Ödipuskomplex« *als kleinen Teil der überstarken neurotischen Dynamik* verstehen lernen, als ein an sich belangloses, im Zusammenhang allerdings *lehrreiches Stadium* des männlichen Protestes, von der aus die wichtigeren Einsichten in die Charakterologie des Neurotikers ebenfalls möglich werden.

Organdialekt

Im Jahre 1910 habe ich in einer Arbeit über ›Psychische Behandlung der Trigeminusneuralgie‹ von einer allgemein verbreiteten menschlichen Neigung gesprochen, die seelische *Überwältigung einer Person* durch die andere, ihre Überlegenheit in einem sexuellen Bild zu erfassen oder auszudrücken. Bei manchen nervösen Personen kann die Wirkung eines solchen »inneren Schlagwortes« (Robert Kann) so weit gehen, daß dabei auch die Geschlechtsorgane in die entsprechende Angriffsstellung geraten. Die Sprechweise bedient sich oft solcher bildlichen Ausdrücke. Beispiele scheinen mir in den Wörtern: vergewaltigen, übermannen, Jungfernrede, schicksalsschwanger und in zahllosen Schimpf- und Spottreden vorzuliegen, wie sie uns die Volkskunde liefert.

Diese Tatsachen, die es mir erlaubten, in der Kritik der *Freud*schen Libidotheorie einen weiteren Schritt vorwärts zu gehen und zu zeigen, daß auch das geschlechtliche Gebahren und Fühlen des Nervösen und Gesunden nicht in »banaler« Weise als ausschließlich geschlechtlich zu verstehen ist, geschweige denn seine übrige psychische Haltung, werden heute auch von den ehemaligen Gegnern anerkannt. Insbesondere die Arbeiten der Schweizer Psychoanalytiker tragen dieser Auffassung in weitestem Maße Rechnung.

Der psychologische Vorgang dieses Übergreifens aus einer Denk-, Gefühls- und Willenssphäre, z. B. des Willens zur Macht, auf eine zweite, z. B. der Sexualvorgänge, geschieht offenbar *zum Zweck einer Verstärkung des Affekts,* der auf eine Erhöhung des Persönlichkeitsgefühls hinzielt. Und eine solche Person spricht, denkt, handelt dann so, *als ob* sie einen Sexualakt letzter Linie vorhätte. Dafei ist es fraglos, daß diese Person — abgesehen vom Wahn in der Neurose und Psychose, im Traum, im Mythos und im Märchen — im klaren ist, daß ihr Endziel nicht durch das Sinnbild, nicht durch das bildliche Element gegeben ist, sondern daß dieses nur als Modus dicendi, als Form des Redens, als *Dialekt* angesehen werden kann, wogegen das Handeln und Denken auf die wahre Natur der Dinge gerichtet bleiben muß. Im Sinne *Vaihingers* haben wir es demnach mit einer echten »Als-Ob«-Konstruktion, mit einer Fiktion, mit einem Kunstgriff des Geistes zu tun, und es obliegt uns noch die weitere Erörterung der Frage, was mit der Sexualisierung oder mit einem anderen Organdialekt des Denkens und Fühlens bezweckt ist. Leichtverständlicherweise ist auch unser Begriff: *Organdialekt* als eine »Als-Ob«-Bildung zu nehmen, weil auch er sich auf das Fühlen und Handeln erstreckt, und nicht bloß auf die Sprache.

Die allgemeine Antwort, die ich oben gegeben habe, daß diese Kunstgriffe auf eine Erhöhung des Persönlichkeitsgefühls hinzielen, erfordert auch noch eine Beschreibung der Wege, auf denen dieses Ende zu erreichen gesucht wird. Der eine Weg verläuft in der künstlich hinzugesellten Bahn, lenkt also vom ursprünglichen Ziele ab und schafft einen Ersatz. In der »Liebkosung des Windes«, in der »seligen Hingabe« an die Kunst, in der »Vermählung mit der Muse« kann ebenso wie im »Klingen kreuzen« mit einem wissenschaftlichen Gegner etwa eine solche Ablenkung vom ursprünglichen Ziele liegen, wo wir unter Umständen annehmen dürfen, daß der geradlinige Weg zur Liebe, zum Kampf aus Gründen einer inneren Vorsicht gemieden wird (Furcht vor der Entscheidung). In anderen Fällen bringt diese »Triebverschränkung« oder »das Junktim« die zur Persönlichkeitserhöhung nötige Resonanz hervor, bedient sich die Person zum Zwecke des eindrucksvollen Sprechens, Denkens und Handelns der daraus fließenden fälschenden Affektbegleitung, um ihr Ziel zu sichern. So wenn ich das Weib als Sphinx, den Mann als Einbrecher denke, wo immer ein sexuelles Schicksal mit dem Gedanken einer Niederlage verbunden ist. Ein zweiter Weg ergibt sich geradliniger, sobald die Phantasie die Lockung eines gesetzten Zieles dadurch verstärkt, daß sie auf bekanntere oder besonders reizvolle Genüsse auffordernd hinweist: Rosenlippen, Mannesehre, Paradies der Kindheit usw.

Unfaßbare Qualitäten werden dabei durch einfachere, faßbare erklärt, ergänzt, verstärkt und übertrieben. Bei günstiger Darstellung fehlt nie der »Naturlaut«. Was den einen besonders ergreift oder ihn selbst zum Organdialekt treibt, stammt aus seiner Vorgeschichte, wesentlich aus seinen Hauptinteressen und aus seiner körperlichen Anlage, soweit sie sich einem Endziel ausgleichend eingeordnet hat. Menschen mit empfindlichen Sehorganen werden bis in ihre Ausdrucksweise hinein eine Häufung von Begriffen des Sehens, Einsehens, der Anschauung usw. aufweisen, wie kürzlich erst *von der Pfordten* in geistreicher Weise wieder gezeigt hat. Überhaupt spielt in die Begriffswelt der Menschen der Abglanz ihrer minderwertigen, empfindlicheren Organe hinein. In den nervösen Symptomen kommt diese Beziehung zu greifbarer Gestalt. So kann ein nervöses Asthma (minderwertiger Atmungsapparat, *Czernys* exsudative Diathese) eine bedrängte Lage ausdrücken helfen, in der einem »die Luft ausgeht«, eine Hartleibigkeit unter anderem Sperrung von Ausgaben, nervöser Trismus (Kieferkrampf) auf Denkumwegen, aber gehorchend dem »inneren Schlagwort«, Hintanhaltung von Einnahme, etwa auch von Empfängnis (Schwangerschaft).

Die verstärkende Wirkung dieses fiktiven Denkens, Sprechens und Handelns ist leicht einzusehen. Auch versteht es sich, daß Sexualgleichnisse dabei gehäuft auftreten, weil u. a. der männliche Einschlag (männlicher Protest) im Leitideal solche Wendungen fördert.

Es ist leicht nachzuprüfen, wie sehr die Sprache und Gestaltungskraft von Dichtern durch die Überkompensation ihrer minderwertigen Augen beeinflußt wird, und wie ihnen danach ihre wirksamen Probleme geraten. So weist *Goethes* Farbenlehre mit Sicherheit auf die ursprüngliche, aber mit größter Empfindlichkeit bedachte Augenminderwertigkeit hin. Irgendwo schildert *Jules Verne* einen Journalisten und hebt von ihm hervor, daß er die Verkörperung eines Auges sei. Dies und die gesteigerten psychischen Leistungen könnten zur Not im Sinne *Freuds* als gesteigerte sinnliche Begabung, als erogene Sehzone erfaßt werden. Wenn wir aber regelmäßige Anzeichen finden, wie diese begabteren Organe und ihr Überbau mit innewohnenden Minderwertigkeiten mit Zeichen des Niedergangs, mit Erkrankungen und mit erblichen und familiären Schwächen im Bunde stehen, so daß man zur unsicheren Annahme einer stärkeren Sinnlichkeit erst recht eine Organminderwertigkeit als Erklärungsgrund fordern muß, dann bleibt wohl keine andere Wahl als die Libidotheorie zu verwerfen und an ihre Stelle die Lehre von der Organminderwertigkeit und ihren Folgen zu setzen. So ist die spätere Erblindung von *Jules Vernes* phantastischen Augen ein Beweisstück, das hundert ungestützte Spekulationen aufwiegt.

Die Wirkung dieser allgemein verständlichen und somit leichter fühlbaren Leistungen des Organdialektes kann bei Rednern und Dichtern, in der symbolischen Ausdrucksweise, in Gleichnissen und im Vergleich am besten erwogen werden. So werden in der folgenden Stelle aus *Schillers* Maria Stuart (2. Aufzug) die Keuschheit als Festung und sinnliche Wünsche als französische Kavaliere geschildert, während Engländer die Sicherungen herstellen. Der auffallende Zug in der *Schillerschen* Geistesrichtung, Überschätzung der Frau, wie er in der Jungfrau von Orleans, Maria Stuart, in zahlreichen Gedichten durchbricht, gelegentlich begleitet von starken männlichen Protestregungen (»Ich bin ein Mann«), führt auch an dieser Stelle wieder zur Eingebung, die Frau siegen zu lassen. Das Problem Mann — Frau wird in ein Junktim mit einer kriegerischen Leistung gebracht, und dies führt eine besondere, eindrucksvolle Wirkung herbei:

Kent... denn, wißt,

> Es wurde vorgestellt die keusche Festung,
> Die Schönheit, wie sie vom Verlangen
> Berennt wird — — Der Lord Marschall, Oberrichter,
> Der Seneschal nebst zehen andern Rittern
> Der Königin verteidigten die Festung,
> Und Frankreichs Kavaliere griffen an.
> ...Umsonst! Die Stürme wurden abgeschlagen,

Und das Verlangen mußte sich zurückziehen. Der gesteigerte Aggressionstrieb führt demnach im Denken und Handeln und Sprechen zu solchen Ausgleichungen, die über die ursprünglich gegebene Machtsphäre (des Wortes, der Tat, des Gedankens) hinausreichen, damit ein höheres Ziel erreicht werde. Und wir haben gesehen, wie selbst im Bereiche der Sprache, des Denkens dieser Weg zur Kraftsteigerung durch die Heranziehung eines aus dem Organleben stammenden Gleichnisses betreten werden kann.

Es wird uns deshalb nicht wundernehmen, zu erfahren, daß die Seelentätigkeit, *um zu einem wirkungsvolleren Ergebnis zu gelangen,* sich außerhalb der Sprache ähnlicher Kampfesmittel bedient, einen Organdialekt spricht, der in der Mimik und Physiognomie, in den Ausdrucksbewegungen der Affekte, in den Rhythmen des Tanzes, der religiösen Verzückung, in der Pantomime, in der Kunst, vor allem ausdrucksvoll in der Musik auf die Verständigungsmittel der Sprache verzichtet, um auf uns einzuwirken. Die Gemeinsamkeit des Kulturkreises, die ähnlich tätigen und ähnlich erregbaren Aufnahmsorgane der Menschen lassen solche Wirkungen ohne weiteres zu. Und sie geben wohl nicht die Eindeutigkeit des wirkenden Wortes, eher die *stärkere Resonanz* der bildlichen Sprache, und verraten damit ihre Tendenz, sich als besondere Kunstgriffe durchzusetzen, wo das gesprochene Wort versagt, eine *Herrschaft und Überlegenheit* zu erringen über die Grenzen des Gewöhnlichen hinaus. So ist uns auch kraft der uns innewohnenden Stärke der Persönlichkeit ein Einfluß gegeben, indem die gewohnheitsmäßigen Äußerungsformen des Wirkens und Erregtwerdens im Verkehr der Menschen aufeinanderstoßen. Das Hervortreten solcher Kunstgriffe aber erweist allein schon die Verstärkung des Angriffs, den nun die Lenkerin jedes Fortschritts, crväYfn, die innere Not, zu erringen imstande ist. Die Lehre von der Organminderwertigkeit und ihren Folgen (Gefühl der Minderwertigkeit — Unsicherheit — Kompensation und Überkompensation — stärkeres Drängen nach höheren Zielen — verstärkter Wille zur Herrschaft) kann allein uns über die Bedeutung dieser Kunstgriffe belehren und uns die Halbheit begreiflich machen, zu der wir durch das verstärkte Wollen im Gegensatz zu einem gering eingeschätzten Können gelangen. Denn die Furcht vor der Entscheidung bringt es zuwege, daß unsichere Menschen auf »halb und halb« eingestellt sind.

Diese Betrachtung zeigt uns auch den Weg des Verständnisses für die auffälligeren Erscheinungen des krankhaften Seelenlebens, und wie es sich durch körperliche Haltungen und Ausdrucksweisen, abermals durch einen Organdialekt, auf die Bahn der Kunstgriffe begibt, um die Persönlichkeit zur Geltung zu bringen. *Da tauchen« schon in der Kindheit Empfindungen und Ausdrucksformen des minderwertigen Organs auf,* deren sich der Wille zur Macht bedient, und verbleiben bei dem ungeheilten Nervösen das ganze Leben lang. Der Verdauungsapparat, die Atmungsorgane, das Herz, die Haut, der Sexualapparat, die Bewegungsorgane, der Sinnesapparat, die Schmerzbahnen, die Blase werden je nach ihrer Wertigkeit und nach ihrer Brauchbarkeit für den Ausdruck des Machtbegehrens durch die Neigung zu herrschen in Erregung versetzt und zeigen die Formen des feindseligen Angriffs, der Aggression oder des Stillstands und der Flucht, der Aggressionshemmung, beides in Übereinstimmung mit der Lebenslinie des Patienten, mit seinem heimlichen Lebensplan. Um kurz auf Beispiele von Organdialekt hinzuweisen: Trotz kann durch Verweigerung normaler Funktionen und normaler Lebensformen (Bettnässen, Nägelbeißen, Nasenbohren, Unreinlichkeit, Schlamperei), Neid und Begehren durch Schmerzen, Ehrgeiz durch Schlaflosigkeit, Herrschsucht durch Überempfindlichkeit, durch Angst und durch nervöse Organerkrankungen zum Ausdruck kommen. Sexualerregungen entstehen dabei gelegentlich als gleichgerichtete Formen der Ausdrucksbewegungen, ihre Analyse erweist sie als besondere Art und Leistung des *Aggressionstriebes,* die ursprüngliche und grundlegende Bedeutung der Sexualität aber, die die *Freudsche* Schule immer wieder zu behaupten versucht, läßt sich nirgends in den Erscheinungen des krankhaften Seelenlebens und seiner Ausdrucksformen finden. Die Flucht in die Begriffserweiterung aber, wie: daß man dem Begriff der »Libido« (deutsch: Liebe) eine asexuelle Bedeutung zu geben trachtet, oder daß man *gemäß unserer Anschauung* ein Verständnis zu schaffen sucht, um hinterdrein im Sexualdialekt eine symbolische sexuelle Formulierung anzustreben, die naturgemäß kein weiteres Verständnis ermöglichen kann, ist auf die Dauer aussichtslos und schrullenhaft. Bei dem stetigen Ziele von Denkern und Forschern, mit der Wirklichkeit so innig als möglich zusammenzutreffen, kann als Prüfstein der Echtheit wohl angesehen werden: die Fähigkeit, Irrtümer aufzugeben und haltbare Anschauungen *offen* anzuerkennen.

Unter den Autoren, die in der Erfassung der Grundlagen und gewisser Ausführungen der hier behandelten Fragen auffällige Leistungen aufweisen, müssen wir in erster Linie *Dr. Ludwig Klages* nennen, der in den »Problemen der Graphologie« und in den »Prinzipien der Charakterologie« (Leipzig 1910) besondere Ergebnisse aus seiner Lehre der Ausdrucksbewegungen mitteilt. Schon im Jahre 1905 hat dieser Forscher in einer Arbeit über »Graphologische Prinzipienlehre zur persönlichen Ausdrucksform« Gedanken entwickelt (Graphologische Monatshefte, München 1905, S. 7 und 8), die wir wegen ihrer Bedeutung und klassischen Form mit Zustimmung des Autors hierher setzen wollen.

»Jede innere Tätigkeit nun, soweit nicht Gegenkräfte sie durchkreuzen, *wird begleitet von der ihr analogen Bewegung:* das ist das Grundgesetz des Ausdrucks und der Deutung. Mit ihren allgemeinsten Zustandsmerkmalen beispielsweise müssen folgende der Bewegung korrespondieren: mit dem Streben vordringende, mit dem Widerstreben rückläufige Bewegungen; mit dem inneren Fortschreiten der Bewegungsabfluß, mit dem Stillestehen die Bewegungsunterbrechung; mit den Widerstands-, Hemmungs- und Spannungsgefühlen diejenigen Funktionen, die als gegen *physische Widerstände* gerichtet befähigt wären, gesteigerte Kontaktempfindungen wachzurufen. (Man denke etwa an das Sich-Ballen der Fäuste!) Von zahllosen subtil unterschiedenen Zuständen läßt sie (die Sprache) uns wissen, welches ihre Art des Daseins wäre, wofern sie sich verwandeln könnten in Körper, Formen, Farben, Vorgänge, Temperaturen oder Gerüche. Sie sagt uns, daß, falls es anginge, innere ›Weichheit‹ z. B. als ein Weiches, ›Schwermut‹ als ein Schweres, ›Trübsinn‹ als ein Trübes, ›Kälte‹ als ein Kaltes, ›Bitterkeit‹ als ein Bitteres in die Erscheinung träte, und sie wählt diese Formen ihrer möglichen Erscheinungswesen, um die Zustände für uns festzuhalten.

Für die Psychologie von größter Wichtigkeit, aber ungleich schwieriger verwertbar als die abstrakten Metaphern sind zumal die unter ihnen, welche innere Vorgänge nach *bestimmten Verrichtungen und Organen des Körpers* benennen. Das geschieht etwa, indem man durch die Attribution ›beißend‹ die Ironie mit den Zähnen und ihrer Tätigkeit oder durch den Zusatz ›verknöchert‹ pedantisches Wesen speziell mit den Knochen in Verbindung bringt oder ersichtlich zwar nicht den ›Sitz‹, wohl aber das Organ der Beredsamkeit substituiert in der Kennzeichnung des Redegewandten als eines, der ›nicht auf den Mund gefallen Unter derartigen Wendungen wieder die größte Bedeutung hat die uralte Scheidung von ›Kopf‹ und ›Herz‹, deren dieses in zahlreichen Kombinationen mit staunenerregender Konsequenz für Gefühl und Pathos, jener ebenso ausnahmslos für Intellekt und Willen steht, womit übereinstimmend ›*Kopf*losigkeit‹ die Abwesenheit der Einsicht, ›*Herz*losigkeit‹ hingegen die Abwesenheit des Gemütes bedeutet. Neben gewissen Körperempfindungen (worüber sogleich Genaueres) haben zu solchen Organunterschiebungen auch noch beigetragen symbolische Vorstellungen mannigfachster Art, die als aufs engste mit philosphischen und religiösen Lehren verflochtenen in die Vergangenheit der Geistesgeschichte und selbst auf die Besonderheiten altertümlicher Bräuche zurückweisen können. Das jetzt für Übelreden gebrauchte ›Anschwärzen‹ z. B. gibt von einer nicht mehr vorhandenen Sitte des gegenseitigen Schwarzmachens bei gewissen Gelegenheiten Kunde: ›linkisch‹ hieß ursprünglich nur linkshändig und verblaßte zum Synonym für ›unbeholfen‹ erst mit zunehmender Verpönung der Linkshändigkeit; die ›Einbildungskraft‹ führt uns den fast vergessenen Bildzauber vor Augen, indem sie früher einmal wörtlich die Kraft bedeutete, etwas einzubilden«, d. h. durch Willenskonzentration und magische Beihilfen ein, sei es heilsames, sei es schädliches ›Bild‹ (z. B. die Vorstellung einer Krankheit) auf eine andere Person zu übertragen. Man sieht, die konkreten Metaphern bergen an phy-siognomischen Winken zwar manchen Schatz; aber es bedarf ihn zu heben oft entlegener Studien und um nichts weniger nahe liegender Erwägungen. Die drei zuletzt genannten Beispiele leiten zu einer dritten Gruppe von Bezeichnungen über, die wieder unmittelbar belehrend ist: zu den unbildlich gemeinten, den direkten Namen.

Wenn ältere Mediziner mit der Wendung, beim Erschrecken ›erstarre das Blut in den Adern‹ oder werde ›zu Eis‹, die Ansicht stützten, daß es tatsächlich koaguliere, so ist das zwar eine Naivität. Allein schon das für verwandte Gefühle gebrauchte ›Schauern‹ oder ›Gruseln‹ nennt zweifellos Körperempfindungen, welche von der Blutleere der Haut herrühren. Das Volksmärchen läßt durchaus folgerichtig die Wirkung greulicher Spukgesichte auf den, der ›auszog, das Fürchten zu lernen‹, übertroffen werden von einem Guß kalten Wassers, in welchem Gründlinge schwimmen. Auch die ›Finsterkeit des Gemütes‹ und, was ihr gemäß, ›alles in den schwärzesten Farben zu sehen«, hat noch andere als nur metaphorische Gründe. Es wird dem Erregten tatsächlich wohl einmal ›dunkel vor den Augen‹, und längere Depressionen können unserem Weltbild dauernd die Farbe rauben, indem sie machen, daß wir Helles nimmer hell, Dunkles noch dunkler nicht zwar sehen, aber zu sehen meinen. Unfraglich vollends nehmen auf Wahrgenommenes Bezug viele Wendungen, die vom Herzen handeln. Aussagen wie: etwas schneide ins Herz‹ oder ›nage am Herzen‹ oder ›ziehe das Herz zusammen« sind zu besonders, als daß sie nur gleichnishaft verstanden sein wollen. Dasselbe gilt von den die Atmungstätigkeit betreffenden Redensarten wie: es sei uns ›beklommen‹ oder ›schwül‹ zumute, oder wir hätten ein Gefühl der Erleichterung«. Die volkstümliche Terminologie ist überaus reich an solchen Beobachtungsniederschlägen, an deren einigen wir endlich abermals das Grundgesetz des Ausdrucks illustrieren.

Von der Redewendung, daß ihm jemand ›geneigt‹ sei, pflegt wohl niemand mehr den Ursinn mitzudenken, den das Wort uns bewahrt hat: die vorgeneigte Körperhaltung nämlich des freundlich Gestimmten. Auch die zwar ist nur teilweise Ausdruck, teilweise Geste, wovon wir für unseren Zweck jedoch absehen. Der Charakter der Positivität in der Tätigkeit des bezeichneten Gefühls müßte nach dem Gesetz jedenfalls zu adduktiven oder vordringenden Bewegungen führen, was außer ›geneigt‹ auch ›zugeneigt‹, entgegenkommend«, zuvorkommend«, verbindlich« bestätigen. Mit dem Widerstreben der umgekehrten Stimmung andererseits sollten rückläufige Funktionen korrespondieren, und in der Tat lassen Wörter wie ›abgeneigt«, zurückhaltend«, ablehnend« keinen Zweifel übrig, daß es sich wirklich so verhalte. — Schließlich sei noch des Zustandes der Trauer, des Kummers, des Grams gedacht. Dem inneren Druck entspricht hier laut Namenszeugnis des Körpers: der Bekümmerte fühlt sich ›niedergeschlagen‹ er ist ›sor-*gen-beladen*‹, der Kummer ›lastet‹ auf ihm; und so sehr gibt davon seine Haltung Kunde, daß sein zuschauender Nebenmensch diese Gemütsverfassung ›kopfhängerisch‹ taufte.«

In Fortsetzung dieser Gedanken gelangt der Autor zu dem Ergebnis: »*Die Ausdrucksbewegung ist ein generelles Gleichnis der Handlung.*« Es waren in vielen Punkten ähnliche Betrachtungen, die mich später zu dem Schlüsse führten: *Ausdrucksbewegung, Handlung, Affekt, Physiognomie und alle anderen seelischen Phänomene, die krankhaften mitinbegriffen, sind ein Gleichnis des unbewußt gesetzten und wirkenden Lebensplanes.*

Der nervöse Charakter

Stets wird die Darstellung seelischer Erscheinungen in der Wissenschaft mit zwei Mängeln zu rechnen haben. Das stetige, allseitige Weben der Psyche kann in der sachlichen Wissenschaft nur streckenweise und als ruhendes Material erfaßt werden. Und das Abbild, das sie liefert, muß so viel Gehalt besitzen, daß es, durch seine Andeutungen bloß, vorhandene Empfänglichkeiten des Lesers und Zuhörers in Schwingung bringen kann. Nicht anders als die Kunst verlangt auch die Seelenkunde jenes starke, intuitive Erfassen ihres Stoffes, ein Ergreifen und eine Ergriffenheit, die über die Grenzen der Induktion und Deduktion hinausgehen. Wenn ich den Namen *Nietzsche* nenne, so ist eine der ragenden Säulen unserer Kunst enthüllt. Jeder Künstler, der uns seine Seele schenkt, jeder Philosoph, der uns verstehen läßt, wie er sich geistig des Lebens bemächtigt, jeder Lehrer und Erzieher, der uns fühlen läßt, wie sich in ihm die Welt spiegelt, geben unserem Blick Richtung, unserem Wollen ein Ziel, sind uns die Führer im weiten Land der Seele. In den Denkgewohnheiten und in der seelischen Blickrichtung des wissenschaftlichen Forschers liegt viel geheiligte Tradition, die sich im Wort und im Satzbau nicht verraten. Und doch ist sie gebändigter künstlerischer Urinstinkt, der tragende Geist seiner Arbeit. Bis die heilige Not ihn zwingt, wie ein suchendes Kind altes Räderwerk zu zerbrechen. Neue Wege zu ersinnen, Kunstgriffe und Finten aneinanderzureihen, die Schwierigkeiten des Stoffes zu umkreisen, die realen gegebenen Widerstände zu beschleichen, lehrt ihn sein schaffender Geist. In den Rätseln des Lebens, in seelischer Not ist jedermann ein Forscher und Dichter. Um die Übel und Widerwärtigkeiten zu bestehen, findet jeder einen Weg, gestalten alle ihre Lebenslinie aus, von der sie erwarten, daß diese endlich dorthin mündet, wo sie hoch über allem Leid, über aller Entbehrung, über alle Mühsal thronen. In allen ihren Handlungen, in der Art, wie sie das Leben, die Gegenwart, die Zukunft erfassen, wie sie sich die Lehren der Vergangenheit aneignen, erklingt immer wieder der Menschen leitende Idee, das Ziel, das sie sich schöpferisch gesetzt, und der Weg, den sie gesucht haben, um dorthin zu gelangen. Wenn wir die flüchtigen Handlungen und Ausdrucksbewegungen eines Menschen, seine Haltung, Sprache, Mimik und Gebärde analysieren, zerlegen, ohne sie auf uns und auf unsere schöpferische Gestaltungskraft wirken zu lassen, geben wir dann in unserem Urteil nicht zu wenig? Durch die bloß objektive Analyse gelangen wir nie zum Verständnis eines Eindruckes, eines Erlebnisses, aber ohne daß wir es merken, oft ohne daß wir es zugeben wollen, sind die aufnehmenden und urteilenden Instanzen in einer durch unsere Persönlichkeit vorbereitenden Form. Die Bearbeitung, Hervorhebung und Abschwächung aller Eindrücke, die auf uns wirken, sind durch unsere unbewußte Erfahrung im voraus bestimmt und lassen nicht leicht Änderungen zu. Wir müssen diese vorbereitenden Haltungen und Bereitschaften auch bei anderen herausfühlen, ihre Tendenzen erkennen, wenn wir den gegebenen Ausdruck verstehen wollen. Die gleichen Eigenschaften mehrerer Menschen lassen sich wohl vergleichen, aber niemals gleichstellen. Der Zorn des einen ist als Erlebnis von dem des anderen grundverschieden; in dem Ehrgeiz einer Menschenseele liegt nicht bloß eine Gegenwart, sondern die ganze Vorgeschichte, die Zukunft und ein erdichtetes Finale.

Die Schwierigkeit einer Darstellung seelischer Erscheinungen liegt also darin, daß man gezwungen ist, ein planmäßiges Werden in einer Ausdrucksbewegung als ruhendes Material zu erfassen, doch so wiederzugeben, daß der Eindruck eines Geschehens lebendig wird. Dieser Aufgabe ist eigentlich nur der Künstler gewachsen, voran der Dichter und etwa der Musiker. Dagegen erledigt sich eine andere scheinbare Schwierigkeit aus der vorliegenden Betrachtung selbst. Ich meine die *Flüchtigkeit* der meisten Ausdrucksbewegungen. Ständige Erscheinungen, wie körperliche und seelische Haltung, auch die Schrift, bieten wertvolles Material, das einen vorläufig leitende» Eindruck fördert. Unschätzbar sind für das Verständnis eines Menschen seine gewohnheitsmäßigen, immer wiederkehrenden Stellungnahmen und Attitüden, körperliche sowohl wie insbesondere seelische. Zu diesen gehören in erster Linie alle Eigenschaften, aus denen wir auf den Charakter schließen, und die mehr absonderlich erscheinenden *Symptome der Nervosität,* die wir nach einer schwer haltbaren Analogie als Krankheit empfinden, weil sie *auch* wie diese die Lebens- und Arbeitsfähigkeit beeinträchtigen. Aber auch gegenüber den flüchtigen, kaum je wiederkehrenden Ausdrucksbewegungen versagt unsere Arbeitsmethode nicht. Kehrt doch in jeder Bewegung das alte System wieder, der einheitliche Lebensplan, aufgebaut auf den Individualerfahrengen der Vergangenheit und hinzielend auf den erdichteten fünften Akt. Wir müssen nur vergleichen, den Eindruck empfindend auf uns wirken lassen, um die Einheit jener Bewegungen zu fühlen und zu verstehen. Nicht anders als wir bei einem Kunstwerk vorgehen, wenn wir die Synthese eines Dramas nacherleben, oder wenn wir neben den einzelnen Tönen einer Melodie ihren *Sinn,* ihre lückenlose Linie empfinden.

Diese Forschungsmethode der *vergleichenden Individualpsychologie* ergibt für jeden Fall, der zur Untersuchung kommt, als bedeutsames Resultat die *Einheit der Persönlichkeit.* Und diese Einheit ist derart geschlossen, daß sie sich in jeder Einzelerscheinung widerspiegelt. Der unumstößliche Eindruck der Richtigkeit einer solchen Erforschung geht erst daraus hervor, daß man in allen Schichten des Seelenlebens die gleiche Lebenslinie wiederfindet. Als wichtige Bestätigung und als Probe aufs Exempel darf es gelten, wenn diese Linie, zuweilen in den sonderbarsten Umbiegungen und Ausbiegungen, von *unten* nach *oben* führt. Bei *geradlinigen* Charakteren und Kampfnaturen wird sich diese Linie etwa in der Kopfhaltung, im Ansteigen ihrer Stimme, ihrer Schrift, in Bewegung ihrer Arme abzeichnen, nicht weniger deutlich auch in allen ihren Unternehmungen und ebenso in ihren Träumen und Phantasien, wenn sie sich im Flug über die anderen erheben. Sie werden nur ungern einsam sein, weil ihre *vorgeschriebene Reise* sie zu den Menschen führt, sich mit ihnen zu messen, alle zu übertreffen, überall die ersten zu sein. Es bedeutet schon eine kleine Ablenkung, sobald sie den Partner wählen, etwa bloß Männer und Frauen beherrschen wollen, die sie als schwächer eingeschätzt haben. Oder wenn sie den als schwächer Erkannten zuerst erhöhen, um ihn dann unter ihre Herrschaft zu bringen. Bei Nervösen gelingt es immer, ihre Lebenslinie auf eine knappe Formel zu bringen, da bei ihnen, wie wir sehen werden, jeder Charakter prinzipieller und schärfer hervortritt. Als Gegenstück kann schematisch der *schlangenartige,* vorsichtige Charakter angesehen werden. Sein Ziel, ist nicht weniger hoch gesetzt, aber sein Weg führt in unglaublichen Windungen und Ausbiegungen zur Höhe. Selbst auf der Höhe, nach der er sich sehnt, fühlt er sich nicht sicher. Seiner Höhenangst gleichgeordnet ist seine Furcht zu stürzen, und seine Träume vom Fallen führen eine beredte Sprache. Überall bringt er einen Sicherungskoeffizienten an und verzichtet, ohne die unsichere Zukunft zu versuchen. Er ist der Standardtypus des Nervösen, der sich allenthalben von Unheil bedroht sieht. Sein Weg ist allerorts mit Sicherungen versehen, aus jedem Erlebnis zieht er eine warnende Moral, Prinzipien und Leitsprüchlein begleiten ihn jederzeit, und seinen Wirkungskreis hat er durch allerlei Empfindlichkeiten, durch körperliche und durch seelische Intoleranz aufs engste eingeschränkt, um ihn so besser zu erschüttern. Listig zuweilen und verschlagen oder ängstlich, vor dem eigenen Mut erschrocken, immer in zögernder Haltung, ist er stets auf dem Rückzug oder verschleiert ihn durch ein zweifelndes Hin und Her. Er hat jede männliche Haltung abgelegt, um desto sicherer *den Schein* seiner unbesiegbaren Männlichkeit zu behalten.

Es ist nun am Platz, das heimliche Ziel und den unbewußten Lebensplan des Nervösen, die sich von denen des Normalen nur durch den Grad ihrer Deutlichkeit unterscheiden, näher zu beleuchten. Dieses Vorhaben führt uns zur Betrachtung der kindlichen Seele. Die Erziehung richtet den Blick des Kindes vom ersten Tag an auf die Zukunft und ihre Gefahren. Wohl auch auf ihre Glücksgüter. Im Rahmen der Familie selbst gibt es immer Vorbilder an Kraft und Stärke, die häufig genug sich den Schein der Unerreichbarkeit erborgen. Freiheit und Gleichberechtigung, ein entfaltetes Gemeinschaftsgefühl des Kindes könnten als beruhigende Abschlagszahlungen gelten. Aber wie selten erfreut sich ein Kind ihres Besitzes! Kein Wunder, daß sich der meisten Kinder ein Gefühl der Unsicherheit bemächtigt, das in zwei verschiedenen Richtungen ihre Seele bewegt. Die eine Erregung macht sich als ein Gefühl der Minderwertigkeit, der Hilflosigkeit und der Schwäche geltend und zeitigt ein Bedürfnis nach Anlehnung, Hilfe und Unterstützung. Recht häufig findet das Kind jetzt den Weg, aus seiner Schwäche Nutzen zu ziehen: es beginnt seine Ängstlichkeit zu fördern und als wertvollen Charakterzug zu stabilisieren, weil es in diesem Zeichen seinen Angehörigen überlegen wird. Die gleichen Vorteile können ihm durch die Unterstreichung von Krankheitserscheinungen und durch das Festhalten an Kinderfehlern erwachsen.

Die zweite Erregung, die wir bereits im Werden gesehen haben, zeigt sich als ein verstärkter Drang nach Überlegenheit, als eine dauernde Sehnsucht aus der Unsicherheit zum Sieg, aus dem Gefühl der Schwäche zur Sicherheit zu gelangen, je minderwertiger sich das Kind fühlt, um so stärker wird dieser Drang. Und so finden wir neben den geradlinig aufsteigenden Charakterzügen des Ehrgeizes, der Tapferkeit, des Sichmessens mit der Umgebung bald mehr, bald weniger *Charakterschwächen,* die gleichwohl beibehalten werden, wenn sie in irgendeiner Weise zum Ziel der Überlegenheit führen: Neid, Geiz, Lügenhaftigkeit, Feigheit und andere.

Ein siebenjähriges Mädchen, das zwischen einem nachgiebigen Vater, einer strengen Mutter und einer von dieser verzärtelten jüngeren Schwester aufwuchs, erkrankte an nächtlichen Angstanfällen, die sich bald auch auf den Tag fortsetzten. Wie sich leicht nachweisen ließ, war das Kind von einem unheimlichen Ehrgeiz beseelt, mochte die vorgezogene Schwester nicht leiden und zeigte häßliche Züge der Eifersucht und des Neides, nicht nur der Schwester gegenüber, sondern auch in der Schule. Wir können die fortwährende Pein dieses Kindes verstehen, das also vergebens um den Vorrang mit der Schwester rivalisierte, vergebens auch an dem festgefügten nervösen Charakter der Mutter rüttelte. Langsam schlich sich eine Neigung ein, ein Kranksein in die Länge zu ziehen, eine Unpäßlichkeit als unerträglich zu empfinden, da das Kind während der Krankheit keine Zurücksetzung zu erdulden hatte. Der Vater war aufmerksam geworden und nahm sich vor, die Bevorzugung der jüngeren Tochter durch die Mutter wettzumachen, indem er nun die ältere verzärtelte. Mit schlechtem Erfolg. *Das heimliche Ziel nach Überlegenheit* war *bereits so weit gefestigt,* der Charakter des Ehrgeizes, des Neides, der Herrschsucht so weit vorgebaut, daß man die Diktatur des Mädchens zu gewärtigen hatte. Eines Tages machte die Mutter dem Vater Vorwürfe, daß er für das Mädchen so viel Geld ausgäbe, auf den Semmering fahre, im Wagen mit ihr herumkutschiere, während sie und die jüngere Schwester zu Hause bleiben müßten. In der Nacht darauf brach der erste Angstanfall bei dem Kinde aus, der in unserem Sinne als überaus kräftige *Revolte* gelten muß. Denn nun war der Vater mehr als je gezwungen, seine Liebe dem jetzt kranken Kinde zuzuwenden, und der Widerstand der Mutter war lahmgelegt. Die ursprüngliche Benachteiligung des Kindes erwies sich jetzt als kompensiert, seine Zurücksetzung und die Bevorzugung der jüngeren Schwester hatten ein Ende.

Vergleicht man aber die heimliche Linie dieser Angstanfälle, ihren Sinn und ihre *Melodie* mit dem früheren seelischen Zustande des Kindes, mit seinem gesteigerten Ehrgeiz, seiner Empfindlichkeit und seinem Neid, verfolgt man diese Charakterzüge bis zu jenem Punkt, wo sie sich schneiden, so kommt man *auf die gleiche Leitlinie,* die zur Überlegenheit über Mutter und Schwester führt und ebenso darauf hinzielt, den Vater in den Dienst zu stellen. Die Angst aber, die das Mädchen bei banalen Anlässen kennen gelernt hatte, war ihm zur Sicherung und zur Waffe geworden, mit der es sich vor einer Herabsetzung seines Persönlichkeitsgefühles zur Wehr setzte. Ich wäre in Verlegenheit, wenn ich ein besseres Mittel nennen sollte, als es dieses Kind gefunden hatte, richtiger: in das es nach mannigfachen Vorbereitungen und Vorversuchen hineingewachsen war. An der konsequenten, kunstvollen Konzeption des nervösen Systems ist kein Fehl; jede Kritik, die an diesem Punkt einsetzt, ist übel angebracht. Der Fehler kann nur an einer anderen Stelle liegen: *an der Zielsetzung,* die das Kind instinktiv vorgenommen hat, an seinem Ehrgeiz, an seiner Eitelkeit, an seinem Mangel des Gemeinschaftsgefühls.

Wenn wir die bisher gewonnenen Resultate überblicken, so ergibt sich uns eine fundamentale Anschauung über den Zusammenhang von kindlichem Minderwertigkeitsgefühl, beruhigender und orientierender Zielsetzung und den Anstrengungen und Wegsicherungen, die ein Näherkommen an das Ziel ermöglichen sollen. Es läßt sich nun leicht nachweisen, daß ein verschärftes Unsicherheitsgefühl in der Kindheit eine höhere und unabänderliche Zielsetzung, ein Streben über das menschliche Maß hinaus und zugleich auch die geeigneten Anstrengungen und Sicherungen herbeiführt, ein Ensemble, das uns das Bild jener Erscheinungen gibt, die wir *Nervosität* nennen, aus denen sich, auffallend und schärfer hervortretend, mit aufgepeitschter Aktivität oder im Schein einer irreparablen Passivität, zuweilen in der Maske des Zweifeins und des Schwankens der *nervöse Charakter* hervorhebt.

In diesem psychologischen Schema gibt es zwei annähernd feste Punkte: die niedrige Selbsteinschätzung des Kindes, das sich minderwertig fühlt, und das überlebensgroße Ziel, das bis zur Gottähnlichkeit reichen kann. Zwischen diesen beiden Punkten liegen die vorbereitenden Versuche, die tastenden Kunstgriffe und Finten, bilden sich auch fertige Bereitschaften und gewohnheitsmäßige Haltungen, aus denen sich das verborgene Ziel erschließen läßt. Eine der Formen dieser vorbereitenden Haltungen, Saugadern vergleichbar, wenn sie die Erfahrungen, Aufmunterungen und Warnungen der Vergangenheit in Spuren aufweisen, tastenden Fühlern ähnlich, wenn sie dem fiktiven Ziel im Gedränge der Wirklichkeit näherzukommen suchen, sind die Charakterzüge. Sie, die der Persönlichkeit Haltung und Gestalt verleihen, sind die eigentlichen Mittler zwischen Vergangenheit und Zukunft und dienen als geistige Bereitschaften dem leitenden Ideal des Menschen: je nach ihrer Art nehmen sie bald Fühlung, bald leiten sie den Kampf mit der Umwelt ein oder erzwingen einer Entscheidung gegenüber *eine zögernde oder eine ausweichende Attitüde*. Das kindliche Gefühl der Unsicherheit bedarf solcher Richtlinien und bereitgestellter Fertigkeiten. Es läßt sie schärfer hervortreten und macht sie zu kategorischen Imperativen, sobald das verstärkte Minderwertigkeitsgefühl wirksam wird. Was solchen Kindern einmal nützlich war, wird wegen seiner beruhigenden Wirkung zu verewigen, zu vergöttlichen gesucht. Und nur deutliche Niederlagen sind imstande, einen Frontwechsel zu erzwingen und damit eine Verschleierung, aber keine Änderung der Charaktere. Auch tritt die Notwendigkeit stärkerer Leitlinien ein; das Individuum ist aber an das Kreuz seiner leitenden Machtidee geschlagen, und jetzt erscheint als fertige Nervosität, was vorher nervöse Disposition war. Der weitere Erfolg dieser Tatsachen führt auf medizinisches Gebiet. Ich muß daher hier abbrechen.

Wenn es mir bisher nicht geglückt sein sollte, den Beweis der dominierenden Stellung des fiktiven Leitideals für alle seelischen Erscheinungen, speziell auch für den Charakter, aus der Einheitlichkeit ihrer Zielrichtung zu erbringen, so möchte ich noch folgende Betrachtungen anreihen. Wir sind nicht imstande, auch nur die geringfügigste körperliche oder geistige Bewegung zu vollführen, ohne daß uns in der Idee ein Bild des Zieles vorschwebte. Dies gilt sowohl für die Fortbewegung als auch für das Sprechen und Denken und Wollen. Durch diese Fiktion einer Zielsetzung kommt erst Ordnung und Richtung in unser Tun; das Chaos der Welt scheint überwunden und der Weg gegeben, auf dem die Bewältigung des Lebens und seiner Mühsal möglich erscheint. Im Leben des Kindes läßt sich leicht beobachten, wie beim Erlernen des Gehens, des Schauens, des Hörens, des Sprechens ein vorläufiges Ziel des Gelingens organisch und seelisch vorbereitet ist. Bei komplizierten Haltungen und bei seelischer Tätigkeit steht immer ein Vorbild als Leitideal vor der Seele des Kindes, dem es gleichzukommen sucht, oder das es übertreffen will. Drückt dieses Vorbild auf das Empfinden des Kindes, dann gerät es in eine Kampfesstellung und wird häufig im Trotz, zuweilen auch mit übertriebener Unterwürfigkeit und mit Gehorsam sein Ziel der Überlegenheit zu erreichen suchen. Die entscheidende Instanz aber für die seelischen Leistungen des Kindes und später des Erwachsenen ist jene höchste Spitze seines Machtgefühls, bis zu der es in der Zukunft durchzudringen verlangt.

Es wurde bereits hervorgehoben, daß diese Spitze im Kampf um die Selbstbehauptung um so höher angesetzt wird, je niedriger die Selbsteinschätzung ausfällt, zu der das Kind gezwungen ist. Da lag es nun nahe, auf jene Kinder zu achten, die durch eine erschwerte körperliche Entwicklung, durch Verunstaltung, organische Mängel und Kinderfehler, wie sie bei einer angeborenen Organminderwertigkeit entspringen, ihre Geltung schwerer und später erringen. Diese Kinder sind es auch, die in ihrem späteren Leben, noch bis ins Greisenalter, meist also in einer Zeit, wo ihre Mängel längst nicht mehr fühlbar sind, mit erhöhten Anstrengungen und mit aufgepeitschtem Empfinden ihr kindliches Leitideal verfolgen, bei dem ihre Sehnsucht nach Überwindung des Todes, nach männlicher Kraft, nach Ansehen, Schönheit und Reichtum, kurz, nach Triumphen aller Art Befriedigung fände. Sie werden sich immer mit allen messen, werden alle in ihren Dienst stellen wollen, werden in Unruhe und voll Empfindlichkeit ihre Forderungen kundgeben, werden aber auch, wenn sie gewitzigt sind, in nervöser Unsicherheit nach Kunstgriffen suchen, um einer für sie fatalen Entscheidung, meist jeder Entscheidung, auszuweichen. Ihre Charakterzüge zielen weit über menschliches Maß hinaus, mischen sich aber mit anderen von solch ausweichenden Linien, daß man leicht ersieht: hier fehlt der Glaube an sich selbst. Letzter Linie erheben sie sich nicht mehr zum Willen zur Macht, sondern wollen nur mehr den *Schein* für sich gewinnen. Je mehr sie sich in ihrer Kindheit dem Nichts, dem Staub verwandelt gefühlt haben, desto mehr ringen sie nach Gottähnlichkeit. Sie fühlen sich dem Gott, dem Künstler verwandt, *wenn sie aus nichts etwas machen können,* das ihre Phantasie mit willkürlicher Wertung ungeheuer übertreibt. Immer stärker tritt die *Eigenliebe, das Denken an sich selbst* in den Vordergrund und schafft eine dauernde *Unversöhntheit* mit dem Leben.

Diese Tatsachen stellen den Wissenschaften neue Probleme und verstärken die Wucht alter brennender Fragen. Die rasche Behandlung und tunlichste Heilung von Kindern mit Organminderwertigkeiten ist eine dringende Forderung der vorgetragenen Anschauungen. In gleicher Weise erscheint durch sie der Wert und die Bedeutung der sozialen Medizin betont. Der Bekämpfung der Volksseuchen, der Lues, der Tuberkulose und der Trunksucht muß auch aus dieser Rücksicht besonderes Augenmerk geschenkt werden, da sie der Keimverschlechterung hervorragend Vorschub leisten. In gleich schädigender Weise wirken Pauperismus und Überarbeit, die schlechte Konjunktur beherrscht und verschlechtert das Keimplasma und steigert die Häufigkeit minderwertiger Organe.

Das Grenzgebiet der Sozialwissenschaft birgt gemäß den vorgetragenen Anschauungen noch manche wichtige Frage. Die soziale ebenso wie die Familienerziehung müssen Zustände schaffen, die das Kind vom Druck eines stärkeren Minderwertigkeitsgefühles entlasten. Die Kenntnis und Vertiefung in die Anschauungen der vergleichenden Individualpsychologie geben dem Erzieher rechtzeitig die Möglichkeit einzugreifen, setzen ihn instand, Übertreibungen einzuschränken und die Furcht vor der Unsicherheit der Zukunft zu mildern.

Der speziellen Probleme unserer Wissenschaft, die vorwiegend in das Gebiet der Nervenheilkunde und Psychotherapie fallen, gibt es eine unergründliche Zahl. Eines der wichtigsten, das wegen seiner Beziehung zur Pädagogik besprochen werden soll, betrifft die Beziehung der Geschlechter. Es hängt mit der wirkenden Kraft des fiktiven Leitziels beim Nervösen zusammen, daß er in seiner neurotischen Perspektive und bei der Konstruktion seiner Charakterzüge auch *alle Beziehungen der Liebe und den sozialen Zusammenhang der Geschlechter auflöst und zu einer Kampfposition macht.* Auf welche Weise macht sich dabei das leitende Ziel geltend? Es ergibt sich nun bei näherer Betrachtung in einwandfreier Weise, daß der Gottähnlichkeitsgedanke des Nervösen, sein Ideal der Vollkommenheit, das er zu erreichen strebt, einen überaus starken *männlichen* Einschlag aufweist. So daß jedes nervös disponierte Kind, Knabe wie Mädchen,„ imstande ist, sein ganzes Streben und seine ganze Zielrichtung in das Schema zu fassen: *Ich will ein voller Mann werden.* Denn in dieser Idee gipfelt jeder Wunsch nach Herrschaft, Macht, Reichtum und Sieg. Kein Wunder. Aus den Eindrücken der Außenwelt schöpft das zur Nervosität geneigte Kind schon zu einer Zeit, wo ihm die Unveränderlichkeit des Geschlechtscharakters meist noch unbekannt ist, die Empfindung, daß nur der Mann zum Herrscher geboren ist.

Freilich gehört im Anfang Mut dazu, spärliche Ausdrucksbewegungen, zumal bei Mädchen, in dieser Art zu deuten. Erst wenn es wieder gelingt, auf diesem Weg die einheitliche Leitlinie zu entdecken, kommt allmählich die Überzeugung auf. Die Verschwommenheit eines Eindruckes hindert oft unser Verständnis. Wenn aber etwa ein vierjähriges Mädchen erklärt, es werde, wenn es groß sei, die Mutter heiraten, wenn dieses Kind dann auch noch befiehlt, man müsse es Hans nennen, wenn es später Neigung zeigt, Knabenkleider anzulegen, Mädchenspielen auszuweichen, mit Knaben herumzutollen und selbst zu äußern, es möchte ein Knabe sein, dann bleibt wohl kaum mehr ein Rest des Zweifels übrig. Ein achtjähriges Mädchen, das manche dieser Züge zeigte, hatte ich Gelegenheit kennen zu lernen, weil es neben unbändigem Trotz an einem Kinderfehler und an Ohnmachtsanfällen litt, die ihm erlaubten, jede Folgsamkeit und jedes erzieherische Einwirken abzuweisen. Im Gespräch mit mir zeigte es eine auffallend trotzige Attitüde und verschränkte plötzlich die Arme. Auf die Frage an die begleitende Tante, wer in der Umgebung des Kindes die Arme derart verschränkte, erhielt ich die Antwort: der Vater.

Wächst ein solches Mädchen heran, dann kommt es immer auch zu einem Formenwandel der männlichen Fiktion, aber das leitende Ziel wird um nichts erreichbarer. Das Prinzessinnenideal, ein häufiger Formenwandel, zeigt sich ungemein oft und schafft wie andere Ideale eine ungeheure Überempfindlichkeit. Die Einfügung in die Wirklichkeit wird dauernd erschwert, und trotz aller Kompromisse im Leben tritt die Unzufriedenheit mit der weiblichen Rolle immer wieder hervor. Eines dieser Mädchen hatte, wie man mir erzählte, im 20. Lebensjahr, in der Zeit der Heiratsmöglichkeit also, einen Selbstmordversuch unternommen, als es in *Weiningers* *»Geschlecht und Charakter«* eine Bestätigung für seine Auffassung von der Minderwertigkeit der Frau zu erblicken glaubte. Wir sehen hier, wie die Herabsetzung der Frau in unserer Gesellschaft mit Notwendigkeit zu ihrer psychischen *Vermännlichung,* zum *männlichen Protest* führt, gleichwie der erzieherische Druck im Leben des Kindes wie die Rechtsentziehungen im Staat zu Revolten. Wahrlich, es ruht kein Segen darauf, und der zur Minderwertigkeit Verdammte wird durch Kunstgriffe und Finten zur Geißel seines Herrn.

Eine 40jährige Frau, die an Berührungsfurcht und einer Zwangshandlung im 20. Jahre bereits erkrankt war, läßt diese männliche Lebenslinie ziemlich eingehend verfolgen. Eines ihrer kindlichen Leitideale war, wie ein Indianer *(männlich)* alles zu ertragen und ihre Wünsche zu unterdrücken. Später wurde dieses Ideal von einem scheinbar weiblichen abgelöst: wie die Jungfrau von Orleans zu sein. Der Sinn der Berührungsfurcht wird hier schon klarer. Mit 20 Jahren trat sie in Beziehung zu einem tuberkulösen, dem Tode geweihten Manne und dachte an eine Ehe, die, allen verständlich, von ihren Angehörigen nie zugegeben worden wäre. Im Sommer desselben Jahres kamen mehrere Freier. Da stellte sich die Zwangshandlung ein. Sie konnte nichts von ihren Beschäftigungen fertig machen. Insbesondere war es eine Handarbeit, die sie immer wieder auftrennen mußte. Jeder wird hier unwillkürlich an Penelope denken müssen. Das heißt, sie wollte auf den auch von ihr als unmöglich erkannten Gatten warten. Auf meine Frage, ob ihr diese Geschichte nicht bekannt vorkäme, ob sie nicht jemanden kenne, der auch nichts zu Ende gebracht habe, antwortete sie: »Freilich, Sisyphus und Tantalus und dieDardanellen.« Rasch verbesserte sie: »Danaiden«. Auf mein Drängen, noch eine Person zu nennen, da sie mit ihrem Ausflug in6 griechische Altertum offenbar auf dem richtigen Weg sei, fällt ihr niemand mehr ein. Und doch wird sie die richtige, leitende Idee *Penelope* auf der Zunge gehabt haben, da der Weg von den Danaiden zu den Dardanellen durch das *nel* aus *Penelope* bezeichnet ist. Ihr Unvermögen aber, sich der Penelope zu erinnern, zeigt die starke Verschleierung der leitenden Idee an; ebenso wie wir in anderen Fällen den Sinn einer Ausdrucksbewegung erfassen müssen, ohne daß die Untersuchte ihn uns verrät, so auch bei diesem Fall, wo ihn die Patientin durch eine harmonische Bindung zweier Linien an den Tag bringt. Penelope aber ist für diese Frau ein Sinnbild: die Frau, die keinen Freier gelten läßt, die Frau, die keine Frau sein will.

In der seelischen Entwicklung der Knaben finden wir den gleichen *männlichen Protest.* Sie handeln so als ob die Frau das Maß ihrer Kräfte wäre. Oft hört man von kleinen Knaben, wie auf den Unterschied hinweisend, daß sie sich von einer Frau nichts befehlen lassen. Kommt dann das Alter, wo die Liebe doch befiehlt, so gibt es ungeheure Schwierigkeiten, ebenso wie in der Ehe. Denn beide werden als Kampfpositionen erfaßt, wo es gilt, für jeden Teil den Beweis oder den Scheinbeweis seiner Überlegenheit immer wieder zu versuchen. So zerstören die nervöse Perspektive und das Leitideal des *männlichen Protests* immer wieder die Unbefangenheit und Kameradschaftlichkeit beider Teile und erzwingen eine bleibende Unzufriedenheit der Geschlechter miteinander.

Damit glaube ich eine der tiefsten Wunden unseres Gesellschaftslebens berührt zu haben. Die Gefahr ist größer als man ahnt. Auch in dieser Beziehung ist die seelische Gesundung von einer Pädagogik zu erwarten, die nicht mit dem Kinde nur redet, sondern es versteht, das Gefühl der Gleichberechtigung der Geschlechter trotz der Gegenwart, die das Gegenteil zeigt, in den Kindern wachzurufen.

Ein Beitrag zur Psychologie der ärztlichen Berufswahl

Ein Arzt erzählt folgendes:

»Anläßlich des schrecklichen Schiffsunglücks der »Titanic« konnte ich an mir die Ergriffenheit deutlich beobachten. In meinen freien Stunden fand ich mich oft im Gespräch über das Unglück, und vorwiegend war es die Frage, die von mir immer wieder aufgenommen wurde, ob man nicht doch ein Mittel hätte finden können, um die Untergehenden zu retten. Eines Nachts wache ich aus dem Schlaf auf. Als richtiger Psychologe lege ich mir die Frage vor: warum ich, der sonst ein guter Schläfer ist, diesmal aufgewacht sei? Ich fand aber keine befriedigende Antwort, fand mich vielmehr kurze Zeit darauf in emsigem Nachdenken, *wie man die Untergehenden der Titanic hätte retten können.* Bald nachher, — es war 3 Uhr — schlief ich ein.

In der nächsten Nacht wachte ich wieder auf. Ich sah auf die Uhr, es war ½3 Uhr. Flüchtig kamen mir Gedanken über die sonstigen Theorien der Schlaflosigkeit, unter anderem fiel mir auch die Meinung eines Autors ein, daß man, einmal an ein Aufwachen aus dem Schlaf gewöhnt, leicht wieder um die gleiche Zeit erwachen kann. Aber mit einem Male wußte ich intuitiv, wie es sich mit meinem Aufwachen verhielt. Um ½3 Uhr war die Titanic untergegangen. Ich hatte die Fahrt im Schlaf mitgemacht, hatte mich in die schreckliche Situation des Untergangs eingefühlt und war also schon zweimal des Nachts erwacht, als das Schiff unterging.

Auch in der zweiten Nacht nahmen meine Gedanken die Richtung, ein Mittel zu finden, wie man sich in einer solchen Situation retten könnte, sich und die anderen. Fast gleichzeitig erriet ich, daß hier der *vorbeugende und vorbereitende Versuch einer Sicherung* am Werke war, der in gleicher Weise der Vorsicht wie dem Ehrgeiz dienen sollte. Ich verstand auch ohne weiteres, daß die Amerikafahrt — ein altes Ziel meiner Sehnsucht — in sinnreicher Weise den Kampf um meine wissenschaftliche Repräsentation symbolisierte. Und wie im Wachen, so tat ich auch im Schlafe. Ich war auf der Suche nach einem Mittel zur Rettung, und ich stellte die sinnfälligste Situation her, um mich zur Gegenwehr zu rüsten und zu mobilisieren: *Einfühlung in die stärkste Gefahr und Nachdenken!*

Leicht war auch zu verstehen, daß diese Art, auf Gefahren meiner Person und mir Nahestehender zu reagieren, meine persönliche Attitüde sein mußte. Und bald fand ich den Zusammenhang.

Ich bin ja Arzt. Es gehört also zu meinen Obliegenheiten, gegen den Tod ein Mittel zu finden. Damit aber war ich schon auf mir bekanntem Boden. Der Kampf gegen den Tod gehörte nämlich zu den stärksten Antrieben meiner Berufswahl. Wie so viele von den Ärzten, bin auch ich Arzt geworden, *um den Tod zu überwinden.*

Aus meiner Jugendgeschichte erinnere ich mich an mehrere Ereignisse, in denen mir der Tod nahe schien. So hatte ich aus einer Rachitis außer einer Schwerbeweglichkeit jene gemilderte Form von Stimmritzenkrampf erworben, die ich später als Arzt oft bei Kindern antraf, wo Verschluß der Glottis beim Weinen eintritt, so daß ein Zustand von Atemnot und Stimmlosigkeit das Weinen unterbricht, bis sich nach Lösung des Krampfes das Weinen wieder fortsetzt. Der Zustand der dabei eintretenden Atemnot ist höchst unangenehm, wie ich aus meiner Erinnerung weiß; ich dürfte damals noch nicht zwei Jahre gewesen sein. Die übertriebene Furcht meiner Eltern und die Besorgnis des Hausarztes waren mir nicht entgangen und erfüllten mich, abgesehen von der Peinlichkeit der Atemnot, mit einem Gefühl, das ich heute als Gefühl der Unruhe und der Unsicherheit bezeichnen möchte. Ferner erinnere ich mich, daß ich eines Tages kurz nach einem solchen Keuchanfall Gedanken hatte, wie ich, da bisher kein Mittel gefruchtet hatte, dieses lästige Leiden beseitigen könnte. Auf welchem Wege ich dazu kam, ob die Anregung von außen kam oder ob ich allein die Idee ausheckte, kann ich nicht sagen: ich beschloß, das Weinen ganz einzustellen, und so oft ich die erste Regung zum Weinen verspürte, gab ich mir einen Ruck, hielt mit dem Weinen inne und das Keuchen verschwand. Ich hatte ein Mittel gegen das Leiden, vielleicht auch gegen die Todesfurcht gefunden.

Kurze Zeit später, ich war drei Jahre geworden, starb mir ein jüngerer Bruder. Ich glaube, die Bedeutung des Sterbens verstanden zu haben, war fast bis zu seiner Auflösung bei ihm und wußte, als man mich zu meinem Großvater schickte, daß ich das Kind nimmer sehen werde, daß es im Friedhof begraben würde. Meine Mutter holte mich nach dem Leichenbegängnis ab, um mich nach Hause zu bringen. Sie war sehr traurig und verweint, lächelte aber ein wenig, als mein Großvater, um sie zu trösten, einige scherzende Worte zu ihr sagte, die sie wahrscheinlich auf weiteren Kindersegen verweisen sollten. Dieses Lächeln konnte ich meiner Mutter lange nicht verzeihen und ich darf aus diesem Groll wohl schließen, daß ich mir der Schauer des Todes sehr wohl bewußt gewesen bin.

Im vierten Lebensjahr kam ich zweimal unter einen Wagen. Ich entsinne mich, daß ich mit Schmerzen auf einem Diwan erwachte, ohne daß ich wußte, wie ich dorthin gekommen war. Ich muß also wohl in Ohnmacht gefallen sein.

Mit fünf Jahren erkrankte ich an einer Lungenentzündung und wurde vom Arzte aufgegeben. Ein zweiter Arzt schlug doch eine Behandlung vor, und ich war in wenigen Tagen gesund. Man hatte in der Freude über meine Genesung noch lange Zeit über die Todesgefahr gesprochen, in der ich angeblich geschwebt hatte; seit dieser Zeit entsinne ich mich, daß ich mir stets meine Zukunft als Arzt vorgestellt habe, d. h. *ich habe ein Ziel festgesetzt, von dem ich erwarten durfte, daß es meiner kindlichen Not, meiner Furcht vor dem Tod ein Ende machen konnte.* Es ist klar, daß ich von dieser Berufswahl mehr erwartet habe, als sie leisten konnte: den Tod, die Todesfurcht überwinden, das hätte ich eigentlich von menschlichen Leistungen nicht erwarten dürfen; bloß von göttlichen. Die Realität gebietet aber zu handeln. Und so war ich gezwungen, im Formenwechsel der leitenden Fiktion so weit mein Ziel abzuwandeln, bis es der Realität zu genügen schien. Da kam ich zur ärztlichen Berufswahl, um den Tod und die Todesfurcht zu überwinden.

Aus der Berufswahlphantasie eines etwas zurückgebliebenen Knaben, die sich auf ähnlichen Eindrücken — Tod einer Schwester und Kränklichkeit in früher Kindheit, Bekanntschaft mit dem Tod — aufbaute, erfuhr ich, daß dieser Knabe beschlossen hatte, Totengräber zu werden, um, wie er sagte, die anderen einzugraben und nicht selbst eingegraben zu werden. Das »starre, gegensätzliche Denken dieses später neurotischen Knaben, — oben oder unten, aktiv oder passiv, Hammer oder Amboß, flectere si nequeo superos, Acheronta mo-vebo! — hat mittlere Möglichkeiten nicht zugelassen, seine kindische rettende Fiktion ging im Nebensächlichen auf das Gegenteil.

Aus jener Zeit meiner Berufswahl, etwa aus dem fünften Lebensjahre, datiert folgendes Erlebnis: Der Vater eines Spielkameraden fragte mich, was ich werden wollte. Ich gab zur Antwort: »Ein Doktor!« Der Mann, der vielleicht schlechte Erfahrungen mit Ärzten gemacht hatte, erwiderte darauf: »Da soll man dich gleich an dem nächsten Laternenpfahl aufhängen!« Selbstverständlich ließ mich, — eben wegen meiner regulativen Idee —, diese Äußerung völlig kalt. Ich glaube, ich dachte damals, daß ich ein guter Arzt werden wolle, dem niemand feindlich gesinnt sein sollte.

Kurz nachher kam ich in die Volksschule. Meine Erinnerung sagte mir, daß ich auf dem Weg in die Volksschule über einen Friedhof gehen mußte. Da hatte ich nun jedesmal Furcht und sah es mit großem Mißbehagen, wie die andern Kinder harmlos den Friedhofsweg gingen, während ich ängstlich und mit Grauen Schritt vor Schritt setzte. Abgesehen von der Unerträglichkeit der Angst quälte mich der Gedanke, an Mut den andern nachzustehen. Eines Tages faßte ich den Entschluß, dieser Todesangst ein Ende zu machen. Als Mittel wählte ich *wieder die Abhärtung.* (Todesnähe!) Ich blieb eine Strecke hinter den andern Kindern zurück, legte meine Schultasche an der Friedhofsmauer auf die Erde und lief wohl ein dutzendmal über den Friedhof hin und zurück, bis ich dachte, der Furcht Herr geworden zu sein. Später glaube ich den Weg ohne Angst gegangen zu sein.

Dreißig Jahre später traf ich einen ehemaligen Schulkameraden, mit dem ich Kindheitserinnerungen aus der Volksschule austauschte. Es fiel mir dabei ein, daß derzeit jener Friedhof nicht mehr bestehe, und ich fragte, was aus dem Friedhof, der mir solche Beschwerden gemacht hatte, geworden sei. Verwundert antwortete mir mein ehemaliger Kamerad, der länger als ich in jener Gegend gewohnt hatte, daß auf dem Weg zu unserer Schule *niemals ein Friedhof* gewesen sei. Da erkannte ich, *daß die Erinnerung an die Friedhofsgeschichte eine dichterische Einkleidung für meine Sehnsucht war, die Angst vor dem Tod zu überwinden.* Sie sollte mir ähnlich wie in anderen Lebenslagen zeigen, daß man den Tod und die Todesangst überwinden könnte, *daß es ein Mittel geben müsse, und dies wirkte wie ein kraftvoller Zuspruch,* daß es mir gelingen könnte, in schwierigen Lebenslagen ein solches Mittel gegen den Tod zu finden. So kämpfte ich gegen meine Kindheitsfurcht, so bin ich Arzt geworden und so sinne ich auch jetzt noch Problemen nach, die mich gemäß dieser psychischen Eigenart anziehen, was bei der Titanic-Katastrophe in hervorragendem Maße der Fall war.

Ja mein Ehrgeiz ist so sehr durch diese leitende Fiktion, den Tod zu überwinden, festgelegt, daß ihn andere Ziele wenig aufstacheln können. Es kann vielmehr leicht der Eindruck erweckt werden, als ob mir in den meisten Beziehungen des Lebens der Ehrgeiz fehlte. Die Erklärung für diese double vie, für diese Spaltung der Persönlichkeit, wie es die Autoren nennen würden, liegt darin, *daß der Ehrgeiz ja nur ein Mittel darstellt,* keinen Zweck, so daß er bald benützt, bald beiseite geschoben wird, je nachdem das vorschwebende Ziel bald mit diesem Charakterzug, bald ohne ihn leichter zu erreichen ist.«

Der Arzt als Erzieher

Das Problem der Erziehung, wie es die Eltern und Lehrer auf ihrem Wege vorfinden, wird leicht unterschätzt. Man sollte meinen, daß die Jahrtausende menschlicher Kultur die strittigen Fragen längst gelöst haben müßten, daß eigentlich jeder, der lange Jahre Objekt der Erziehung gewesen ist, das Erlernte auch an andere weitergeben und in klarer Erkenntnis der vorhandenen Kräfte und Ziele fruchtbar wirken könnte. Welch ein Trugschluß wäre das! Denn nirgendwo fällt uns so deutlich in die Augen, wie durchaus subjektiv unsere Anschauungsweise und wie unser Denken und Trachten, unsere ganze Lebensführung vom innersten Willen beseelt ist. Ein nahezu unüberwindlicher Drang leitet den Erzieher Schritt für Schritt, das Kind auf die eigene Bahn herüber zu ziehen, es dem Erzieher gleichzumachen, unterzuordnen, und das nicht nur im Handeln, sondern auch in der Anschauungsweise und im Temperament. Nach einem Muster oder zu einem Muster das Kind zu erziehen, war vielfach und ist auch heute noch oft der oberste Leitstern der Eltern. Mit Unrecht natürlich! Aber diesem Zwang erliegen alle, die sich des Zwangs nicht bewußt werden.

Ein flüchtiger Blick belehrt uns über die überraschende Mannigfaltigkeit persönlicher Anlagen. Kein Kind ist dem andern gleich, und bei jedem sind die Spuren seiner Anlage bis ins höchste Alter zu verfolgen. Ja, alles was wir an einem Menschen erblicken, bewundern oder hassen, ist nichts anderes als die Summe seiner Anlagen und die Art, wie er sie der Außenwelt gegenüber geltend macht. Bei einer derartigen Auffassung der Verhältnisse ist es klar, daß von einer völligen Vernichtung ursprünglicher Anlagen, ob sie nun dem Erzieher passen oder nicht, keine Rede sein kann. Was der Erziehungskunst möglich ist, läßt sich dahin zusammenfassen, daß wir imstande sind, eine Anlage zu fördern oder ihre Entwicklung zu hemmen, oder — und dies ist leichter praktikabel — eine Anlage auf kulturelle Ziele hinzulenken, die ohne Erziehung oder bei falschen Methoden nicht erreicht werden können.

Daraus geht aber auch hervor, daß die Rolle des Erziehers keineswegs für jeden paßt. Anlage und Entwicklung sind auch für ihn und seine Bedeutung ausschlaggebend. Er muß ausgezeichnet sein durch die Fähigkeit ruhiger Erwägung, ein Kenner der Höhen und Tiefen der Menschenseele, muß er mit einem Späherauge seine eigenen wie die fremden Anlagen und ihr Wachstum erfassen. Er muß die Kraft besitzen, unter Hintansetzung seiner eigenen persönlichen Neigungen sich in die Persönlichkeit des andern zu vertiefen und aus dem Schachte einer fremden Seele herauszuholen, was dort etwa geringes Wachstum zeigt. Findet sich solch eine Individualität einmal, unter Tausenden einmal, mit dieser ursprünglichen Finderfähigkeit ausgestattet: das ist ein Erzieher.

Nicht viel anders wird unser Urteil lauten, wenn wir über jene Anlagen und Fähigkeiten zu Gericht sitzen, die den guten Arzt ausmachen. Auch ihn muß die Eigenschaft ruhiger Überlegenheit auszeichnen. Die menschliche Seele sei ihm ein vertrautes Instrument, und wie der Erzieher muß er es vermeiden, an der Oberfläche der Erscheinungen seine Kraft zu erschöpfen. Mit immer wachem Interesse schafft er an den Wurzeln und Triebkräften jeder anomalen Gestaltung und versteht es, einzudringen in die Bahn, die vom Symptom zum Krankheitsherd führt. Frei von übermächtigen Selbsttäuschungen, denn er muß sein Wesen kennen und meistern wie der Erzieher, soll er in fruchtbarer Logik und Intuition die heilenden Kräfte im Kranken erschließen, wecken und fördern.

Die erzieherische Kraft der Ärzte und der medizinischen Wissenschaft ist eine ungeheure. Auf allen Gebieten der Prophylaxe gräbt sie unvergängliche Spuren und bewegt die Besten des Volkes zur tätigen Mitarbeit. Wir stellen die vordersten Reihen im Kampf gegen den Alkoholismus und gegen Infektionskrankheiten. Von den Ärzten ging der Notschrei aus gegen die Erdrückung der Volkskraft durch die Geschlechtskrankheiten. Der Ansturm der Tuberkulose findet einzig nur Widerstand an den stetigen Belehrungen und Ermahnungen der Ärzte, solange nicht materielle Hilfe naht. Das gräßliche Säuglingssterben, durch Jahrzehnte geheiligter Mord und Barbarei, ist durch die leuchtenden Strahlen der Wissenschaft erhellt und in das Zentrum des Kampfes gerückt. Schon harrt die Schulhygiene auf den Beginn ihrer fruchtbaren

Tätigkeit und entwindet sich den ehernen Klammern engherziger Verwaltungen. Eine Fülle uneigennütziger, wertvoller Ratschläge und Lehren strömt Tag für Tag in die Volksseele über, und wenn nicht viele Früchte reifen, so deshalb, weil Aufklärungsdienst und materielle Wohlfahrt des Volkes nicht in den Händen der Ärzte liegen.

In der Frage der körperlichen Erziehung des Kindes ist die oberste Instanz des Arztes unanfechtbar. Das Ausmaß und die Art der Ernährung, Einteilung von Arbeit, Erholung und Spiel, Übung und Ausbildung der Körperkraft soll immer vom Arzt, muß von ihm im Falle der Not geregelt werden. Die Überwachung der körperlichen Entwicklung des Kindes, die sofortige Behebung auftauchender Übelstände ist eine der wichtigsten Berufspflichten des Arztes. Nicht erkrankte Kinder zu behandeln und zu heilen, sondern gesunde vor der Krankheit zu schützen ist die konsequente, erhabene Forderung der medizinischen Wissenschaft.

Von der körperlichen Erziehung ist die geistige nicht zu trennen. In der letzteren mitzureden ist dem Arzte nicht allzu häufig Gelegenheit geboten, obgleich gerade er aus dem reichen Born seiner Erfahrung kraft seiner Objektivität und Gründlichkeit wertvolle Schätze schöpft. *Preyers* Buch über »Die Seele des Kindes« fördert eine Unzahl fundamentaler Tatsachen zutage, die jedem Erzieher bekannt sein sollten. Es ist lange nicht erschöpfend, aber es bietet Material zur Beurteilung und Sichtung der eigenen Erfahrungen. Das gleiche gilt von dem Buche Karl *Gross'* »Über das Seelenleben des Kindes«, das ungleich mehr das Interesse des Psychologen erweckt. Die allgemeine Volkserziehung zu beeinflussen, streben beide Bücher nicht an, können sie aus mehrfachen Gründen nicht erreichen. Vielleicht war erst der wuchtige Akzent nötig, mit dem *Freud* das Kinderleben bedenkt, und die Aufzeigung der tragischen Konflikte, die aus Anomalien der kindlichen Erlebnisse fließen, um uns die hohe Bedeutung einer Erziehungslehre klar zu machen.

Bei der vollständigen Anarchie, in der im allgemeinen die kindliche Seele im Elternhaus heranwächst, können wir es begreiflich finden, daß manche wertvolle Persönlichkeit den Mangel einer jeden Erziehung höher schätzt als eine jede der heute möglichen Erziehungsformen. Dennoch gibt es eine Anzahl von Schwierigkeiten, die ohne Einsicht in das Wesen der Kinderseele nicht überwunden werden können. Einige dieser immer wieder auftauchenden Fragen wollen wir im folgenden besprechen, da es uns dünkt, daß vorwiegend die Ärzte dabei berufen sind, das Wort zu ergreifen.

Bekanntlich soll die Erziehung des Kindes bereits im Mutterleib beginnen. Dem Arzte obliegt die Pflicht, die Aufmerksamkeit der Eheschließenden darauf zu lenken, daß nur gesunde Menschen zur Fortpflanzung geschaffen sind. Seine Aufgabe ist es, bei vorliegendem Alkoholismus, bei Geschlechtskrankheiten, Psychosen, Epilepsie, Tuberkulose usw. auf die Gefahren einer Ehe, auf die schädlichen Folgen für die Nachkommenschaft hinzuweisen. Die körperliche und seelische Pflege der Schwangeren ist nicht zu vernachlässigen, der Hinweis auf die Wichtigkeit des Selbststillens darf nicht unterlassen werden.

Von größter Wichtigkeit für die Erziehung des Säuglings sind Pünktlichkeit und Reinlichkeit. Nichts leichter als durch ständiges Nachgeben in der Nahrungsbefriedigung einen eigensinnigen Schreihals heranzuziehen, der es später nicht ertragen wird, auf die Befriedigung seiner Wünsche zu warten, ohne in die heftigste Erregung zu geraten. Nun gar die Erziehung zur Reinlichkeit muß uns als einer der mächtigsten Hebel zur Kultur dienen, und *ein Kind, das seinen Körper rein zu halten gewöhnt ist, wird sich späterhin in schmutzigen Dingen nicht leicht wohl fühlen.*

Die Vernachlässigung der körperlichen Erziehung, wie sie in unserer Zeit gang und gäbe ist, übt stets einen schädlichen Rückschlag auf körperliche und geistige Gesundheit aus. Hier gibt es Zusammenhänge, die nicht übersehen werden dürfen. Gute körperliche Entwicklung geht meist mit gesunder geistiger Entwicklung Hand in Hand. Schwächliche und kränkliche Kinder verlieren leicht die beste Stütze ihres geisten Fortschritts: *das Vertrauen in die eigene Kraft.* Ähnliches findet man bei verzärtelten und allzu ängstlich behüteten Kindern. Sie weichen jeder körperlichen und geistigen Anstrengung aus, flüchten sich gerne in eine Krankheitssimulation oder übertreiben ihre Beschwerden in unerträglicher Weise. Deshalb können körperliche Übungen, Turnen, Springen, Schwimmen, Spiele im Freien bei der Erziehung nicht entbehrt werden.

Sie verleihen dem Kinde Selbstvertrauen, und auch späterhin sind es wieder solche Äußerungen persönlichen Muts und persönlicher Kraft, die — aus überschüssigen Kraftquellen gespeist — das Kind vor Entartungen behüten.

Hat man es mit Schwachsinnigen, Kretinen, Taubstummen oder Blinden zu tun, so wird es Aufgabe des Arztes sein, die Größe des Defekts sicherzustellen, die Chancen einer Heilung oder Besserung zu erwägen und eine entsprechende, zumeist individualisierende Behandlung und Erziehung zu empfehlen. Das wichtigste Hilfsmittel der Erziehung ist die Liebe. Eine Erziehung kann nur unter Assistenz der Liebe und Zuneigung des Kindes geleistet werden. Wir beobachten immer wieder, wie das Kind stets auf die von ihm geliebte Person achtet und wie es deren Bewegungen, Mienen, Gebärden und Worte nachahmt. Diese Liebe darf nicht gering geschätzt werden, denn sie ist das sicherste Unterpfand der Erziehungsmöglichkeit. Diese Liebe soll sich nahezu gleichmäßig auf Vater und Mutter erstrecken, und es muß alles vermieden werden, was den einen Teil davon ausschließen könnte. Streitigkeiten unter den Eltern, Kritik der getroffenen Maßnahmen sollen vor dem Kinde geheim gehalten werden. Bevorzugung eines der Kinder muß hintangehalten werden, denn sie würde sofort die erbitterte Eifersucht des andern hervorrufen. Es ist ohnehin nicht leicht, die eifersüchtigen Regungen des älteren Kindes gegenüber dem neuangekommenen, die sich in mannigfachster Weise äußern, einzudämmen. — Andererseits darf kein Übermaß von Liebe, keine Überschwänglichkeit gezüchtet werden. So angenehm es auch die Eltern berührt, ein derartiger Überschwang hemmt leicht die Entwicklung des Kindes. Besonnenheit den Liebkosungen des Kindes gegenüber, Hinlenken auf ethisch wertvolle Bestrebungen, auf Arbeit, Fleiß, Aufmerksamkeit kann in solchen Fällen die richtige Mittellinie garantieren.

Wer die Erziehung seines Kindes fremden Personen: Ammen, Hauslehrern, Gouvernanten, Pensionaten überläßt, muß sich der großen Gefahren bewußt bleiben, die mit einer solchen Überantwortung verbunden sind. Selbst wo von ansteckenden Krankheiten oder offenkundigen Lastern abgesehen werden kann, muß man doch die Fähigkeit einer Gouvernante, die väterliche oder mütterliche Erziehung zu ersetzen, in Frage ziehen. Verschüchtert, verbittert, ihr Leben lang gedemütigt, sind diese bedauernswerten Geschöpfe manchmal kaum in der Lage, die geistige Entwicklung eines Kindes zu leiten.

Seit die Prügel aus der Justiz verschwunden sind, muß es als Barbarei angesehen werden, Kinder zu schlagen. Wer da glaubt, nicht ohne Schläge in der Erziehung auskommen zu können, gesteht seine Unfähigkeit ein und sollte lieber die Hand von den Kindern lassen. Abschließung an einem einsamen Ort halten wir für ebenso barbarisch wie Schläge, und wir können uns des Verdachts nicht erwehren, daß diese Strafe dem Charakter ebenso verhängnisvoll werden kann wie die erste Gefängnishaft dem jugendlichen Verbrecher. Aber auch leichtere Strafen können das Kind leicht zur Wiederholung verleiten und schädigen das Ehrgefühl. Schimpfworte oder beharrlicher, harter Tadel verschlechtern die Chancen der Erziehung. Es geht damit wie mit allzu weit getriebenen erzieherischen Eingriffen: wer als Kind daran gewöhnt wurde, der wird sie auch später leicht hinnehmen. An Lob und Belohnung dagegen verträgt.das Kind erstaunlich viel, doch kann auch hier ein schädliches Übermaß geleistet werden, sobald das Kind in dem Glauben heranwächst, daß jede seiner Handlungen lobenswert sei und die Belohnung sofort nach sich ziehe. Die Erziehung des Kindes muß von weitblickenden Erziehern geleitet werden, nicht für den nächsten Tag, sondern für die ferne Zukunft. Vor allem aber sei dafür Sorge getragen, daß das Kind mit dem deutlichen Bewußtsein heranwachse, in seinen Eltern stets gerecht abwägende Beurteiler, aber zugleich auch immer liebevolle Beschützer zu finden.

Unter den Untugenden der Kinder, die gemeiniglich unter Strafe stehen, stechen der kindliche Eigensinn und das Lügen besonders hervor. Eigensinn in früher Kindheit ist mit freundlicher Ermahnung ganz sachte einzudämmen. Er bedeutet in den ersten Jahren nichts weiter als einen Drang zur Selbständigkeit, also eigentlich ein erfreuliches Symptom, das nur unter beständiger Lobhudelung ausarten könnte. Bei großen Kindern dagegen und Erwachsenen ist der konstant auftretende Eigensinn nahezu ein Entwicklungsdefekt und läßt eigentlich nur eine einzige Art der Bekämpfung zu: *Vorhersagen einer möglichen Schädigung und ruhiger Hinweis auf den Eintritt derselben.* Dabei müssen alle Andeutungen auf ein überirdisches Eingreifen wie »Strafe Gottes« usw. entfallen, da sie dem Kinde den Zusammenhang von Ursache und Wirkung verhüllen. Von dieser Seite her ist selbst bei Eigensinnigen die Entwicklung ihrer Selbständigkeit bedroht. Neben den »Jasagern« gibt es nahezu ebenso viele ewige »Neinsager«, die sich in ihrer Gesinnungs- und Charakterschwäche ewig gleich bleiben.

Bezüglich der Lügen bei Kindern herrscht die größtmögliche Verwirrung. Da unser ganzes Leben von Lügen durchseucht ist, darf es uns nicht wundern, auch in der Kinderstube die Lüge wieder zu finden. In der Tat lügen die ganz Kleinen in der harmlosesten Weise. Anfangs ist es ein Spiel mit Worten, dem jede böse Absicht mangelt. Späterhin kommen Phantasielügen an die Reihe. Sie sind gleichfalls nicht tragisch zu nehmen, sind oft genährt durch ein Übermaß phantastischer Erzählungen und Lektüre und sind Folgen einer stärker hervortretenden Großmannssucht oder Herrschsucht. Hinweis auf die Wirklichkeit, Ersatz der Phantasiereize durch realeres Material, Naturgeschichte, Reisebeschreibungen und körperliche Tätigkeit wie Hinweis auf die Plusmacherei genügen, um diesen Lügen ein Ende zu machen. In den weiteren Jahren sind die Motive meist deutlich. Lügner aus Eitelkeit, Selbstsucht und Furcht sind die hauptsächlichsten Vertreter. Lassen sich diese Motive wirkungsvoll bekämpfen, *so fällt auch das Lügen fort.* Besonders deutlich wird das Verschulden der Erziehung bei Angst- oder Verlegenheitslügen. Denn unter keinen Umständen sollte das Kind vor seinem Erzieher Furcht empfinden. Man hüte sich davor, das Kind an Geheimnissen, Lügen oder Verstellungen vor anderen Personen teilnehmen zu lassen. Man hüte sich besonders vor Redensarten, wie: »Warte, ich werd's dem Vater sagen!« um das Kind zur Abbitte zu bewegen. Denn man zieht damit den Hang zum Verschweigen und Lügen groß. Auch die Beichte kann bei unvorsichtiger Haltung der Eltern der Erziehung zur Wahrhaftigkeit abträglich werden, da sie dem Hang zur Heimlichtuerei gegen die natürlichen Erzieher eine Stütze bietet. Gegen das Aufkommen eingewurzelter Lügenhaftigkeit bietet das gute Beispiel der Umgebung wie für das gesamte Erziehungsresultat eine sichere Gewähr. Jede Art von Konfrontation dagegen und Inquisitionsverfahren wirken schädlich. Das gleiche gilt vom Zwang zur Abbitte, die, wenn überhaupt, so nur als freiwillige entgegengenommen werden darf. Ein höchst verläßliches Schutzmittel gegen Lügenhaftigkeit bildet die Entwicklung eines mutigen Charakters, der die Lüge als unerträgliche Beeinträchtigung verwirft.

Gehorsamkeit beim Kinde darf nicht erzwungen werden, sondern muß sich als selbständiger Effekt der Erziehung ergeben. Die Freiheit der Entschließung muß dem Kinde möglichst gewahrt werden. Nichts ist unrichtiger als das fortwährende Ermahnen, wie es leider so weit verbreitet ist. Da es aber unerläßlich ist, in manchen Fällen Folgsamkeit zu erlangen, so stütze man sie auf das Verständnis des Kindes. Deshalb muß jeder unverständliche Befehl, jedes ungerecht scheinende Verlangen vermieden werden, denn sie erschüttern das Zutrauen zu den Eltern. Ebenso sind unnütze, unausführbare und häufige Androhungen zu unterlassen. Ungerechtigkeiten, dem Kinde gegenüber von Geschwistern oder Kameraden verübt, erweisen sich oft als nützlich, wenn man an ihnen den Wert der Gerechtigkeit für alle aufweist.

Überhaupt obliegt dem Erzieher die wichtige Rolle, das orientierende Bewußtsein dem Kinde gegenüber zu vertreten. Er hat die Aufgabe, das Kind darauf zu leiten, wie die Kräfte und Äußerungen seines Seelenlebens zusammenhängen, um zu verhüten, daß das Kind irregeht oder von anderen mißleitet werde. Ein allzu häufiger Typus ist der des verängstigten, überaus schüchternen, überempfindlichen Kindes. Weder zur Arbeit noch zum Spiel taugt es. Jeder laute Ton schreckt diese »Zerstreuten« aus ihren Träumen, und sieht man ihnen ins Gesicht, so wenden sie die Augen ab. Ihre Verlegenheit in der Gesellschaft, in der Schule, dem Arzte gegenüber (Ärztefurcht!) schlägt sie immer wieder zurück und läßt sie in die Einsamkeit flüchten. Die ernstesten Ermahnungen verhallen spurlos, die Schüchternheit bleibt, verstärkt sich und macht die Kinder zu dieser Zeit nahezu entwicklungsunfähig. Nun gibt es aber gar kein kulturwidrigeres Element als solche Zurückgezogenheit oder Feigheit, die noch obendrein den Eindruck erweckt, als stünde sie unter dem Zeichen des Zwanges. Ich getraue mich zur Not, aus dem grausamsten Knaben einen tauglichen Fleischhauer, Jäger, Insektensammler oder — Chirurgen zu machen. Der Feige wird immer kulturell minderwertig bleiben. Gelingt es bei solchen

Kindern, die Wurzel ihrer Schüchternheit aufzudecken, so retten wir das Kind vor dem Verfall, vor einem Versinken in Frömmelei und Pietismus. Man findet dann in der Regel, daß dieses Kind eine Zeit der bittersten Minderwertigkeitsgefühle hinter sich hat. In seiner Unkenntnis der Welt und durch unverständige Erziehung gepeinigt, erwartet es beständig eine Entlarvung seiner Unfähigkeit.

Als Ursache findet man Organminderwertigkeiten, die oft schon einen Ausgleich gefunden haben, oder in den Folgen als gleichwertig eine strenge oder verzärtelnde Erziehung; durch sie wird die Seele des Kindes verleitet, die Schwierigkeiten des Lebens schreckhaft zu empfinden, den Mitmenschen als Gegner anzusehen und zuerst an sich zu denken.

An dieser Stelle können wir einige wichtige Bemerkungen nicht unterdrücken. Erstens: Unter gar keinen Umständen, auch bei sexuellen Vergehungen nicht, ist es gestattet, dem Kinde Schrecken einzujagen. Denn man erreicht damit sein Ziel niemals, nimmt dem Kinde das Selbstvertrauen und stürzt es in ungeheure Verwirrung. Solche Kinder, denen man Schreckbilder vor die Seele bringt, flüchten regelmäßig vor den Lebenssorgen und werden denselben Weg zur Flucht auch im reiferen Alter finden, wenn ihnen von irgendeiner Seite Ungemach droht. Zweitens: Das Selbstvertrauen des Kindes, sein persönlicher Mut ist sein größtes Glück. Mutige Kinder werden auch späterhin ihr Schicksal nicht von außen erwarten, sondern von ihrer eigenen Kraft. Und drittens: den natürlichen Drang des Kindes nach Erkenntnis soll man nicht unterbinden. Bei den meisten Kindern kommt eine Zeit, wo sie unaufhörlich Fragen stellen. Man darf dies nie bloß als Quälerei empfinden; denn durch dieses Fragen verrät das Kind, daß es nunmehr in seiner eigenen Existenz viele Rätsel gefunden hat, und die ganze Fragerei steht eigentlich nur an Stelle der einen Frage: Wo bin ich hergekommen und wohin gehe ich? Man beantworte so viel man kann, zeige dem Kinde das Unsinnige und Lächerliche vieler seiner Fragen, und kommt es dann endlich doch einmal zu der .einen großen Frage seiner Entstehung, so beantworte man diese nach der Entwicklung des Kindes, nehme die Vorgänge bei Pflanzen oder niedrigeren Tieren behufs Erläuterung vor, und man wird dadurch den Keim zum Verständnis des kosmischen Zusammenhangs, der Einheit des organischen Lebens gelegt haben.

Dagegen muß die Erweckung sexueller Frühreife strengstens hintangehalten werden. Wir wissen heute so viel, daß die Sexualität in frühester Kindheit bereits vorhanden ist. Sie kann durch unvorsichtige oder böswillige Behandlung, Unreinlichkeit, krankhafte Veränderung, durch Gewährenlassen von Unarten, Spielen, ferner durch gewisse, weitverbreitete Kinderspiele leicht gesteigert werden. — Das Kind beobachtet gerne und mit Neugierde. Das Schlafzimmer der Eltern sollte stets vom Kinderzimmer abgesondert sein. Der Koedukation können wir das Wort reden, warnen aber vor Sorglosigkeit und Überraschungen. Die Kenntnisnahme ehelicher Vorgänge wirkt auf die kindliche Seele besonders verheerend ein. Eifersüchtige Regungen gegen den Vater oder die Mutter müssen frühzeitig bemerkt und korrigiert werden.

In den sogenannten Flegeljahren, zur Zeit der Pubertät, tritt meist ein eigentümlicher Zerfall der Kinder mit ihren Eltern, ja mit ihrer ganzen Umgebung ein. Spott- und Zweifelsucht werden rege, eine negative, jeder Autorität abholde Stimmung ergreift besonders die Knaben. Es ist kaum ein Zweifel berechtigt, daß diese Erscheinung mit dem vollen Erfassen des sexuellen Problems, mit dem gänzlichen Erwachen des Sexualtriebes, mit der Verselbständigung und Mannbarkeit zusammenhängt, die häufig über das notwendige Ziel hinausschießen. In dieser Zeit wird nur der Erzieher bestehen können, der mit vollem Recht das Vertrauen des Kindes besitzt. Dies ist auch die Zeit, wo die sexuelle Aufklärung, am besten durch Vater, Mutter, älteren Freund oder Arzt, in wohlwollender Weise zu erfolgen hat. Eine wichtige Aufgabe erwächst sodann dem zum Berater gewordenen Erzieher des Kindes, diese Zeit des Zweifels, des Widerstands gegen unbefugte Autorität auszunützen und dieses negierende Gefühl mit lauterem Inhalt zu füllen.

Das Kind muß für die *Gemeinschaft* erzogen werden. Familie und Schule richten sich automatisch, wenn auch oft unter Widerstand nach diesen Forderungen. Jede Abweichung von dieser Linie bedroht das Kind später mit Schwierigkeiten der Anpassung in Beruf, Liebe und Gesellschaft. Als Lehrer und Erzieher taugen deshalb nur Personen, die selbst ein entwickeltes

Gemeinschaftsgefühl besitzen — Querköpfe, Individualitäten, Egoisten, Fatalisten, besonders wenn sie an unausrottbare Vererbung glauben, stiften nur Schaden. Ebenso einseitige Theoretiker, wenn sie nach ihren Schablonen, nicht nach den realen Bedürfnissen einer tauglichen Gesellschaft erziehen wollen.

Trotz und Gehorsam

Seit wir in der *Individualpsychologie* ein so wertvolles Hilfsmittel besitzen, um psychische Zustandsbilder und Charaktere aus ihrer frühkindlichen Entwicklung zu begreifen, zeigt sich die grundlegende Bedeutung der Pädagogik für die Entwicklung eines gesunden Seelenlebens in voller Klarheit. Jede Analyse erhellt Beziehungen zwischen den erzieherischen Beeinflussungen und dem Auftreten nervöser Erscheinungen. Ich zweifle nicht, daß diese Forschungsrichtung eine ungemeine Vertiefung der Pädagogik zustande bringen wird, so wie sie umgekehrt aus den sicheren Erfahrungen der Erziehungswissenschaft ihre wertvollsten Beweise und Hilfen entnimmt. Die meisten der bisherigen individualpsychologischen Arbeiten sind naturgemäß vom Standpunkte der ärztlichen Kunst aus geschrieben. Immerhin berücksichtigen sie eine ganze Anzahl erzieherischer Fragen so sehr oder stellen sie in den Vordergrund, daß man es wagen darf, sie den Nichtärzten, vor allem Eltern, Lehrern und Psychologen, als Probe vorzulegen.

Was ganz besonders die Eignung der Individualpsychologie für die Entwicklung der Pädagogik ausmacht, ist die sich ergebende Anschauung vom *Wesen des Charakters.* Ich kann hier nur die Ergebnisse aus einer großen Reihe von Erfahrungen, vor allem eigener Befunde, mitteilen, aus welchen hervorgeht, daß bestimmte Charakterzüge sich in gerader Linie *von einem Organsystem* ableiten lassen und dem daranhaftenden Triebe entsprechen. So stammt vom Sehorgane und seinem Triebe die visuelle Neugierde und später die Wißbegierde, vom Nahrungsorgan der Charakter der Gefräßigkeit, hernach des FMftemeides und, sobald das Geldäquivalent in Wirksamkeit tritt, des Geizes. Der Haut und ihren besonders gearteten Stellen entstammen bestimmte dauernde Neigungen zur Berührung und sinnlichen Lustgewinnung. Die Absonderungsorgane, die ursprünglich bloß mit Entleerungsneigung behaftet sind, arbeiten zunächst im Triebleben gleichberechtigt mit, — bis endlich unter Aufgabe der fast noch vorgeburtlichen Arbeitsweisen der Organe eine Änderung eintritt, eingeleitet durch eine starke *Unterordnung des gesamten Trieblebens unter den Zweck der Machtgewinnung,* dann der Erhöhung des Persönlichkeitsgefühls. So gegen Ende des zweiten Jahres. Das Kind ist wissend geworden und nützt sein Bewußtsein aus, indem es sein Leben und Treiben auf *Macht einstellt.* Kulturhistorisch wie in der Entwicklung des einzelnen zeigt sich die gleiche Stufenfolge: im allgemeinen werden die Befriedigungsarten bevorzugt und festgelegt, die entweder mehreren Organtrieben zugleich entsprechen oder Unlust vermeiden. Die Nahrung soll nicht nur angenehme Geschmackseigenschaften besitzen, sondern auch dem Auge, der Nase Lust bereiten. Die Kleidung soll die Haut vor Unlusterregung, vor Kälte, Nässe bewahren und zugleich dem Auge wohlgefällig sein. Das Gehaben des Kindes *auf der ersten Stufe der Entwicklung* ist durchaus selbstsüchtig, nur auf *Lustgewinnung eingestellt,* und sein Triebleben ist in seiner Ausbreitung durch innigeres Zusammenwirken, durch *Triebverschränkung und gelegentliche gegenseitige Hemmung,* durch Eigenerfahrung und Belehrung bestimmt. Immerhin lassen sich bereits Unterschiede, Ansätze zur Eigenart und Gesinnungsbildung erkennen. *Bald ist der Schautrieb, bald der Eß- oder ein anderer Trieb die Hauptachse des Seelenlebens, bald treten Schioächen oder kennzeichnende Vorzüge eines Triebes* (des Hör-, Schau-, Riechtriebes) *so deutlich hervor, daß ein umschriebenes Charakterbild zutage kommt.* Alle diese Eigenschaften, wie auch Plumpheit, Ungeschicklichkeit, Trägheit, auffallende Lebhaftigkeit, Wehleidigkeit stammen in gerader Linie von Organminderwertigkeiten her, stehen mit organischen Empfindlichkeiten, scharf abgegrenzten oder abgeschwächten Sinnesempfindungen im Zusammenhang und fallen durch die andersartige Triebausbreitung und Triebbefriedigung *als ursprüngliche und angeborene Triebrichtungen auf,* deren Material später zu einer einheitlichen Persönlichkeit umgeformt wird, die nach Geltung ringt.

Denn in diese seelische Vorbereitung fallen nun die Wirkungen der Umgebung und der gesellschaftlichen Bedingungen. *Von größter Tragweite sind die Einflüsse des Familienlebens.* Sie bringen neue Einschränkungen der Triebausbreitung, und die Einstellung des Kindes auf Lustgewinnung gerät in Widerspruch mit ihnen. *Hier* liegen die *Wurzeln des gewöhnlichen, sozusagen physiologischen Trotzes der Kindheit.* Das Kind soll lernen, sich in den Kulturbetrieb einzufügen und seinen spielerischen Hang nach freier Organbetätigung aufzugeben. *Diese Umwandlung gelingt nur dann leicht, wenn das Kind an Stelle ursprünglicher Triebbefriedigung einen Ersatz annimmt: die Liebe seiner Umgebung oder eine Ehrgeizbefriedigung.* Dann kann es, *ohne ungeduldig zu werden,* auf die Triebbefriedigung warten, die Einfügung ist gelungen, das Kind ist auf Gehorsam eingestellt. Andernfalls sträubt es sich gegen den Einklang des Familienlebens, *verweigert den Gehorsam,* geht seine eigenen Wege, die oft weitab vom Erziehungsziele führen, sträubt sich gegen den Eß- und Reinigungszwang, leistet beim Schlafengehen, später auch beim Lernen tätigen und leidenden Widerstand, nicht selten auch bei Verrichtung seiner Notdurft. Oder das Kind wird jähzornig, neidisch, voll Ungeduld und stört den Frieden des Hauses durch *stillen oder lauten Trotz.* Immerhin sind es auf dieser Stufe der Entwicklung nur Spuren, die aber unter bestimmten Bedingungen immer stärker und stärker zur Ausprägung gelangen, bis sie sich zum hervorstechenden Charakterzug ausgebildet haben, der oft *das Schicksal der Person und ihrer Umgebung* wird.

Von verstärkenden Bedingungen für den *Charakter des Trotzes* habe ich *vornehmlich zwei* gefunden, die den Lauf der Dinge entscheiden. Die erste: Kinder, die infolge *angeborener Organminderwertigkeit* schwächlich, ungeschickt, kränklich, im Wachstum zurückgeblieben, häßlich oder entstellt sind, einen Kinderfehler haben, erwerben sehr leicht *aus ihren Beziehungen zur Umgebung ein verstärktes Gefühl der Minderwertigkeit,* das sie schwer bedrückt und das sie mit allen Mitteln zu überwinden trachten. Ich darf wohl auch hier von einer anomalen Einstellung sprechen, deren Charakterzüge sich um dieses Minderwertigkeitsgefühl ordnen, nebenbei *aber meist viel deutlicher um die daraus (nach dem Gesetze der Dialektik) folgende verstärkte Angriffsneigung gegen die Außenwelt.* Dem Minderwertigkeitsgefühl entsprechen Züge wie *Ängstlichkeit, Zweifel, Unsicherheit, Schüchternheit, Feigheit und verstärkte Züge von Anlehnungsbedürfnis und unterwürfigem Gehorsam.* Daneben finden sich Phantasien, ja auch Wünsche, die man als *Kleinheitsideen* oder masochistische Regungen zusammenfassen kann. Über diesem Gewebe von Charakterzügen finden sich regelmäßig — in abweisender und ausgleichender Absicht — *Frechheit, Mut und Übermut, Hang zur Auflehnung, Starrköpfigkeit und Trotz,* begleitet von Phantasien und Wünschen nach einer Helden-, Krieger-, Räuberrolle, kurz von *Größenideen und sadistischen Regungen.* — Das Minderwertigkeitsgefühl gipfelt schließlich in einem nie versagenden, stets übertriebenen *Gefühl der Zurückgesetztheit,* und die Aschenbrödelphantasie ist fertig, fertig auch *mit ihrer sehnsüchtigen Erwartung der Erlösung und des Triumphes.* Hierher gehören auch die häufigen Phantasien der Kinder von ihrer geheimen fürstlichen Abstammung und ihrer vorübergehenden Verbannung aus dem »wirklichen« Elternhause. Die Wirklichkeit aber spottet der Harmlosigkeit des Märchens. Das *ganze Triebleben des Kindes wird aufgepeitscht und übermächtig,* Rachegedanken und Todeswünsche gegen die eigene Person wie gegen die Umgebung werden bei der leisesten Beeinträchtigung laut, Kinderfehler und Unarten werden trotzig festgehalten, und sexuelle Frühreife, sexuelles Begehren bricht *ungezähmt* aus der Kinderseele hervor, um nur so zu sein wie die Erwachsenen, Vollwertigen. Der Große, der alles kann, alles hat, — das ist der Vater, oder wer ihn vertritt, die Mutter, ein älterer Bruder, der Lehrer. Er wird zum Gegner, der bekämpft werden muß, das Kind wird blind und taub gegen seine Leitung, verkennt alle guten Absichten, wird mißtrauisch und äußerst scharfsinnig allen Beeinträchtigungen gegenüber, die von ihm kommen, kurz, es *ist auf Trotz eingestellt, hat sich aber gerade dadurch von der Meinung und Haltung der andern völlig abhängig gemacht.*

Oder das Kind ist durch seine Anlage und durch Lebenserfahrungen um seine Aggressionstendenz gekommen, ist durch Schaden »klug« geworden und sucht seine Triebbefriedigung und seinen endlichen Triumph durch passives Verhalten herbeizuführen, durch Unterwerfung, durch ehrlichen und unehrlichen Gehorsam. Freilich lodert zuweilen die Flamme des Hasses auf, oft nur in den Träumen und nervösen Symptomen, dem Kundigen ein Zeichen, daß der Boden unterwühlt, zur Neurose oder zu verbotenen Handlungen geeignet ist, wenn sich das Kind nicht zu triumphalen Leistungen oder zur Indolenz fähig erweist. Überwiegt die *Einstellung auf Gehorsam und Unterwerfung,* dann beglückwünschen sich die Angehörigen nicht selten zu ihrem Musterkinde, ohne zu ahnen, daß das Leben, die Liebe, der Beruf in ungünstigen Fällen gar leicht den Verfall, das Versinken in die Nervosität herbeiführen können.

In beiden Hauptgruppen von Charakterzügen also sehen wir die Wirkung falscher Einstellungen, deren kompensatorische Bedeutung, wie ich zuerst gezeigt habe, in der Vernichtung des Minderwertigkeitsgefühls durch einen ausgleichenden Protest und durch Größenphantasien besteht. In der Mehrzahl findet man Mischfälle, so *daß Züge von Gehorsam und Trotz nebeneinanderlaufen,* wobei eine starke Überempfindlichkeit jeden Schein von Beeinträchtigung mit Abwehrregungen im Denken, Phantasieren oder Handeln beantworten läßt. Für diese, große Zahl von Kindern, aus welchen ungünstigenfalles nervöse Menschen herauswachsen, können wir diese Behauptung aufstellen, *daß sie ihr Gehorchen nicht vertragen,* oder bestenfalls wieder nur dann, wenn sie einen Ersatz in der Liebe oder in der Ehrgeizbefriedigung finden.

Die zweite der verstärkenden Bedingungen für die Einstellung auf Trotz habe ich in der subjektiven Unsicherheit der Geschlechtsrolle des betreffenden Kindes nachgewiesen. Diese Bedingung steht durchaus nicht vereinzelt da, sondern schließt sich eng an die vorige an. Das Suchen nach der Geschlechtsrolle beginnt gewöhnlich um das vierte Lebensjahr. Der Wissensdrang des Kindes erfährt dabei eine starke Steigerung. Der Mangel an geschlechtlicher Aufklärung macht sich für das Kind gerade in diesem Punkte fühlbar. In Unkenntnis der Bedeutung der Geschlechtswerkzeuge sucht das Kind den Unterschied der Geschlechter in der Kleidung, in den Haaren, in körperlichen und geistigen Eigenschaften und geht dabei vielfach irre. Dabei befestigen manche Mißbräuche diesen Irrtum. So die Neigung mancher Eltern, Knaben bis über das vierte Lebensjahr hinaus Mädchenkleider mit breiten Schärpen und Spitzen, oder gar Arm- und Halsbänder tragen zu lassen, eine Neigung, die auf einer falschen Einstellung der Mutter beruht, die sich *in Mädchen gewünscht hatte. Auch das Tragen langer Haare, stärkere Entwicklung der Brüste, blasse Gesichtsfarbe und Mißbildungen der Genitalien können den Knaben in der Auffassung seiner Geschlechtsrolle unsicher machen. Ja selbst wenn das Kind den Unterschied der Geschlechtsorgane in seiner Bedeutung für die Geschlechtskontrolle erkannt hat, bleibt oft ein Rest von Unsicherheit, weil Gedanken von Veränderungen der Geschlechtsorgane plötzlich oder veranlaßt durch Drohungen der Eltern zur Erwägung kommen. Bei Mädchen wird diese Unsicherheit oft verstärkt durch ein knabenhaftes Aussehen oder durch ein solches Benehmen, wobei entsprechende Bemerkungen der Umgebung (»die ist gar kein Mädel«) stark ins Gewicht fallen. Dazu kommt noch der Krebsschaden unserer Kultur, *der zu starke Vorrang der Männlichkeit.* Nun setzt die gleiche Kraft wie oben, nur maßlos verstärkt, ein. *Alle Kinder, die so im Zweifel über ihre Geschlechtsrolle waren, übertreiben die ihnen männlich erscheinenden Eigenschaften, in erster Linie den Trotz.* Der Gehorsam, die Unterwerfung, schwach, klein, dumm, passiv sein, werden als weibliche Merkmale gefühlt, denn der Vater, der männliche Richtschnur bleibt, zeigt in der Regel die entgegengesetzten Eigenschaften. Der Sieg wird als männlich, die Niederlage als weiblich erfaßt *und ein hastiges Drängen und Suchen nach männlichem Protest verstärkt in hervorragender Weise die Einstellung auf Trotz, verstärkt sie deshalb, weil nunmehr zu dem Ausgangspunkt dieser Beeinflussung, dem Gefühl der Mindenvertigkeit, ein besonderes Minderheitsgefühl hinzutritt, in der erwogenen Möglichkeit, wie eine Trau zu werden.* Und eine Frau zu werden bedeutet für diesen Typus von Kindern mit ihrem Gefühl der Zurückgesetztheit und Beeinträchtigung eine Erwartung von unausgesetzten Plagen und Schmerzen, von Verfolgungen und Niederlagen. So suchen sie seelisch wett zu machen, was sie etwa körperlich vermissen, und sie steigern ihren männlichen Protest, damit ihren Trotz oft ins Ungemessene. Wie oft da die beste Erziehung versagt, weiß jeder Erzieher. Worte, Lehren, Beispiele dringen fast nie bis zum Urgrund dieser Charakterzüge, dem Gefühl eines vermeintlichen Hermaphroditismus. Sie wollen alles besser wissen, verbeißen sich in den Gedanken ihrer Einzigartigkeit, dulden niemand über sich und wollen sich durch nichts belehren lassen. Dabei treten oft verbrecherische Instinkte zutage, Selbstsucht, Hang zur Lüge, zu Diebstahl. Auch hier kann die Liebe, sicher nicht der Haß oder die Strafe, bessernd wirken, ja diese Kinder stellen zuweilen in ihrer immerwährenden Gier nach Triumph im späteren Leben das Material, aus dem unter günstigen Bedingungen die großen Menschen Künstler und Dichter hervorgehen. — Für die andern aber, — und nur diese können Gegenstand der Pädagogik sein —, für die Kinder, die durch die falsche Einstellung Schaden leiden, muß behauptet werden, daß nur die Individualpsycho-logie imstande ist, eine

Änderung herbeizuführen. Denn [der] Ausgangspunkt, die falsche Einstellung, und das Endziel, der männliche Protest, sind dem Bewußtsein entzogen, und *die ganze Folge von Wirkungen
wickelt sich zwangsmäßig im Unbewußten ab, d. h. ohne ein begleitendes Verständnis des Kindes, oft
ohne sein Wissen.*

Hier seien zwei Krankengeschichten vorgeführt, die die ursprüngliche Einstellung auf Trotz und
Gehorsam zeigen.

Der eine Patient, ein 26jähriger Mediziner, beklagte sich über nervöse Beschwerden (Angstanfälle, Platzangst, Prüfungsangst, Kopfschmerzen, Unfähigkeit zu lesen). Ich kann die Erörterung dieser Zustände an dieser Stelle übergehen, indem ich darauf hinweise, daß sie alle einer unbewußten Absicht dienten, den Beweis herzustellen, daß dem Patienten alle Aussichten
versperrt seien, *allein durch das Leben zu gehen.* Die wirkliche, dem Patienten aber unbewußte
letzte Ursache, die diesen Beweis forderte, fand sich in seiner Unzufriedenheit in der gegen den
Willen seines Vaters geschlossenen Ehe. Konnte er nun lebenswichtige Handlungen *allein* nicht
vollbringen, so war auch die Trennung von seiner Frau ausgeschlossen. So oft er nun Ursache zu
haben glaubte, sich von dieser zu entfernen, so oft hinderte ihn daran die alte trotzige Einstellung gegen den Vater. Sein Trotz ließ sich bis in die früheste Kindheit verfolgen und zeigte den
oben geschilderten Aufbau. Er war ein übermäßig plumpes Kind gewesen, von der ganzen Umgebung verspottet und verlacht, wobei Vergleiche mit *einer schwangeren Frau* recht häufig wie-
derkehrten. Seine Unsicherheit in der Auffassung seiner Geschlechtsrolle wurde noch erheblich
gesteigert, als ihm eine Gouvernante drohte, er werde sich in ein Mädchen verwandeln, wenn er
unzüchtige Berührungen an sich vornähme.

Vermeintliche oder wirkliche Zurücksetzungen fehlten auch in diesem Falle nicht, so daß der
Boden genügend vorbereitet war, um den Knaben aus seinem Gefühl der Minderwertigkeit heraus zu unbeugsamem Trotze und überstiegenem Ehrgeize zu treiben. Überall wollte er *der Erste,
der Klügste, der Ausgezeichnetste sein.* Daß er auf diesem Wege zu hohen sittlichen Werten gelangte, wird uns nicht wundernehmen; er wollte sich auch durch unerschütterliche *Wahrheitsliebe,
Reinheit der Sitten und großes Wissen* hervortun. Andererseits fehlten Züge abträglicher Art keineswegs, er wurde *herrschsüchtig, starrköpfig, selbstbewußt* und leicht geneigt, das Wissen und die
Erfahrung anderer zu unterschätzen. Frühzeitig schritt er zur Verehelichung, um in diesem Verhältnisse den *Triumph seiner Männlichkeit* zu finden. Je mehr sein Vater ihn hiervon mit guten
Gründen abzuhalten suchte, um so trotziger bestand er auf seinem Plane, den er auch bald nachher ausführte. Weil sich die Frau doch nicht in dem Maße unterwarf, wie es seinen unbewußten
Erwartungen entsprochen hatte, und weil sie ihm wegen seines fortgesetzten Mißtrauens und
Nörgeins mit immer stärkerer Widerspenstigkeit begegnete, *offenbar um ihre »Männlichkeit« zu
beweisen,* war er vor eine Niederlage gestellt, die ihn vor der Welt, vor seinem Vater und vor seiner Frau als minderwertig, d. h. als »weiblich« (unmännlich) erwiesen hätte. Zu trotzig, um zu
einer bewußten Erfassung dieser Lage zu schreiten, fand er den Ausweg in die Krankheit und
versuchte sich derart vor dem Wiedererwachen der alten schmerzlichen Erinnerungen an Spott
und Herabsetzung zu schützen. Die Klärung dieser Zustände brachte es dahin, daß der Patient
auf den scheinbaren Vorteil seiner Krankheit verzichtete und, unbekümmert um die Meinung
seiner Umgebung, beherzt an die Ordnung seiner häuslichen Verhältnisse schreiten wollte.

Ein zweiter Fall betrifft eine Patientin, Beamtin, 34 Jahre alt, die mit Aufregungszuständen,
nervösem Herzklopfen, Platzangst und nächtlichem Aufschreien in die Behandlung kam. Der
Vorteil dieser Erkrankungsform lag darin, das die Patientin *in den Brennpunkt der Aufmerksamkeit ihrer Umgebung* trat, stets nur in Begleitung ihrer Schwester ausging und sich aller gesellschaftlichen Pflichten entledigen durfte. Die uneingestandene Absicht war dabei, sich *allen Hei-
ratsplänen, damit der »Erniedrigung«, einer Frauenrolle zu entziehen.* Als Kind zeigte sie frühzeitig knabenhaftes Aussehen, ungebärdiges Benehmen und Kinderfehler, wie Bettnässen und
Daumenlutschen, die ich als Zeichen von Kindertrotz (Kampf gegen die Einfügung) nachwies.
Sie bewegte sich nur in Knabenkreisen, an deren Balgereien und grausamen Spielen sie Gefallen fand. In dei Pubertät brachte sie ihr aggressives Vorgehen einigemal in Gefahr, sich zu verlieren. Diese Gefahr und die Einschüchterungen durch die Mutter führten dazu, daß das in sexuellen Dingen schlecht unterrichtete Mädchen für ihre »männliche Rolle« zu fürchten begann. Ihre persönlichen Erfahrungen über eheliche Verhältnisse waren gleichfalls nicht danach angetan,
ihr die Rolle einer Frau sympathisch zu machen. Sie sah in ihrer Umgebung die Gattin stets als
minderwertiges und unterdrücktes Wesen behandelt und fürchtete, dem gleichen Lose anheim-
zufallen. So wuchs ihre Abneigung gegen die Ehe bis zu einem solchen Grade, daß sie es vorzog,
als kranke, zur Ehe untaugliche Person durch das Leben zu gehen. Durch das Herzklopfen be-
wies sie sich und anderen, daß sie als Herzkranke der Gefahr einer Schwangerschaft ausweichen
müsse; die Gesellschaftsflucht und die Angst, allein auf die Straße zu gehen, sollten dazu dienen,
die Bekanntschaft mit Männern zu verhüten. In diesem Falle hat *die Abneigung, die natürliche
weibliche Aufgabe auf sidi zu nehmen,* die Patientin dazu gebracht, den Einschüchterungen durch
die Mutter, der sie in anderen Dingen seit jeher trotzig und auflehnend gegenüberstand, soweit
die Erotik in Frage kam, mit übertriebenem Gehorsam zu folgen. Die *Einstellung auf Gehorsam
diente dem gleidien Zwecke wie ihr Trotz,* der Aufrechterhaltung eines scheinbar männlichen Charakters.

Ich habe in knappen Umrissen zu zeigen versucht, daß die Charakterzüge des Trotzes und des Gehorsams *auf unbewußten und falschen Einstellungen des Kindes* beruhen und darf nun wohl anschließen, daß die erziehlichen Mittel des Hauses und der Schule solange dagegen nicht aufkommen können, als sie nicht imstande sind, die falsche Einstellung zu verbessern. Welches sind nun die Forderungen, die der Nervenarzt an den Pädagogen stellen darf?

In erster Linie solche vorbeugender Natur. *Die Erziehung muß dem Kinde die Möglichkeit nehmen, — sei es ivegen seiner Schwäche, Kleinheit oder Unkenntnis — ein Gefühl der Minderwertigkeit aufkommen zu lassen. Kranke und schwächliche Kinder müssen tunlichst rasch geheilt und gekräftigt loerden. Wo dies auch durch soziale Maßnahmen ausgeschlossen ist, hat sich der Erziehungsplan besonders darauf zu richten, das Kind zu selbständigem Urteil zu bringen, es von der Meinung der anderen unabhängiger zu machen und Ersatzziele aufzustellen. Die Unsicherheit der Geschlechtsrolle ist ein ungemein schädigender Zustand und muß von vorneherein durch dahinzielende Belehrung und Haltung ausgemerzt werden.*

Die Gleichstellung der Frau ist eine sehr dringende pädagogische Forderung. Herabsetzende Bemerkungen oder Handlungsweisen, die den Wert der Frau im allgemeinen bezweifeln, vergiften das Gemüt des Kindes und nötigen Knaben wie Mädchen, sich frühzeitig den falschen Schein einer übertriebenen Männlichkeit beizulegen. Man erziehe nicht zum Gehorsam, wenn man die Einstellung auf Trotz vermeiden will.

Die falsche Einstellung auf Trotz oder Gehorsam ist bei Verfolgung obiger Schilderung leicht wahrzunehmen. Hat man es mit einem solchen Kinde zu tun, so zwingt ja die Frage nach dessen späterem Schicksal zu bestimmten Maßnahmen. Auch die Gefahr einer nervösen Erkrankung ist in Betracht zu ziehen. In der Schule verraten sich solche Kinder zuweilen dadurch, daß sie träumerisch oder aber stumpfsinnig dasitzen, erschrecken und zittern oder erröten, wenn sie aufgerufen werden und ständig oder nur bei der Prüfung »ein böses Gesicht« machen. Werden sie ausgelacht oder bestraft, so erfolgt eine unerwartet heftige Gegenwirkung. Manchmal sind sie Muster von Folgsamkeit in der Schule, quälende Tyrannen aber zu Hause. Es versteht sich leicht, daß *weder der Trotz gereizt, noch der Gehorsam vertieft werden darf,* wie es öfter zu geschehen pflegt, wenn man im ersten Fall die Hilflosigkeit des Kindes lächerlich zu machen sucht, im zweiten sichere Belohnung in Aussicht stellt, die das Leben ja doch sofort nicht gibt. Wo man aber den Gehorsam nur des Gehorsams wegen antrifft, da verdankt er, ähnlich wie bei manchen religiösen Übungen, der tiefsten Zerknirschung, einem übermächtigen Gefühl der Minderwertigkeit seinen Ursprung und nähert sich dem masochistischen Kleinheitswahn, um heimliche Triumphe zu feiern. Gelingt es, dem Kinde die abnorme Einstellung nachzuweisen und zu zeigen, seine falschen Wertungen von eigener und fremder Größe, von männlicher und weiblicher Bedeutung zu entwerten, ihm den *Zwangsmechanismus* klar zu machen, der von der psychischen Zweigeschlechtlichkeit zum aufgepeitschten männlichen Protest führt, seinen Trotz oder Gehorsam als auf diesen Linien gelegen aufzudecken, so ist das Spiel gewonnen. Das Kind wird innerlich frei und äußerlich unabhängig und kann sich nunmehr mit seiner vollen, nicht mehr gebundenen Kraft zu selbständigem Denken und Handeln aufraffen.

Wenn dabei auch ein großes Stück von Autoritätsglaube fällt, - *und auch das trotzige Kind trotzt nur der Autorität!* — wir wollen es nicht bedauern. Wir steuern ja einer Zeit entgegen, wo jeder selbständig und frei, nicht mehr im Dienste einer Person, sondern im Dienste einer gemeinsamen Idee seinen gleichberechtigten Platz ausfüllen wird, im Dienste der Idee des körperlichen und geistigen Fortschritts.

Zur Erziehung der Eltern

Ob es wohl noch Erzieher gibt, die dem lehrhaften *Worte* allein eine bessernde Kraft zuschreiben? Man fühlt sich versucht, diese Frage nach allen pädagogischen Erfahrungen und Belehrungen zu verneinen, wird aber gut tun, der menschlichen Psyche genug Fehlerquellen zuzutrauen, daß irgendwer, der sich mit Bewußtsein ganz des Erziehens durch Worte entschlagen hat, in einer Art Anmaßung immer wieder seinem Wort so viel Gewicht beimessen könnte, um ins Reden statt ins Erziehen zu verfallen.

Aber das Kind zeigt von seinen frühesten Tagen an eine Neigung, sich gegen das Wort wie gegen das Machtgebot seiner Erzieher aufzulehnen. Verschiedene dieser aggressiven, aus einer gegnerischen Stellung zur Umgebung stammenden Regungen sind uns zu vertraut, als daß man sie nicht als Auflehnung fühlte. Wer seine Aufmerksamkeit auf die Aggression des Kindes richtet, wird sich bald die feinere Witterung aneignen, die nötig ist, um zu verstehen, *daß sich das Kind oft im Gegensatze zw seiner Umgebung fühlt* und sich im Gegensatze zu ihr zu entwickeln sucht. Und es fällt weiter nicht schwer, alle sogenannten Kinderfehler und psychischen Entwicklungshemmungen, wenn bloß ein organischer Defekt ausgeschlossen werden kann, auf eine mißratene Aggression gegen die Umgebung zurückzuführen. Trotz und Jähzorn, Neid gegen Geschwister und Erwachsene, grausame Züge und Erscheinungen der Frühreife, aber auch Ängstlichkeit, Schüchternheit, Feigheit und Hang zur Lüge, kurz alle Regungen, die die Harmonie des Kindes mit Schule und Haus oft dauernd stören, sind als schärfere Ausprägungen dieser gegnerischen Stellung des Kindes zur Umgebung zu verstehen, ebenso die krankhaften Ausartungen wie Sprachfehler, Eß- und Schlafstörungen, Bettnässen, Nervosität wie Hysterie und Zwangserscheinungen.

Wer sich kurzerhand von der Richtigkeit dieser Behauptungen überzeugen will, beachte nur, wie selten das Kind imstande ist, »aufs Wort« zu folgen oder sofort einer Ermahnung nachzukommen. Noch lehrreicher vielleicht ist die Erscheinung des *»gegenteiligen Erfolges«.*

Es wäre oft nicht schwer, Kinder wie auch Erwachsene durch Anbefehlen des Gegenteils auf den richtigen Weg zu bringen. Nur liefe man dabei Gefahr, alle Gemeinschaftsgefühle zu untergraben, ohne die Selbständigkeit des Urteils zu fördern; und »negative Abhängigkeit« ist ein größeres Übel als Folgsamkeit.

Bei diesen Untersuchungen und bei dem Bestreben nach Heilung der mißratenen Aggression wird man bald belehrt, daß zwei Punkte vor allem in Frage kommen. *Der — wie ich glaube — natürliche Gegensatz von Kind und Umgebung läßt sich nur durch das Mittel des Gemeinschaftsgefühles mildern. Und der Geltungsdrang des Kindes, der den Gegensatz so sehr verschärft, muß einige freie Bahn auf kulturellen Linien haben, muß durch Zukunftsfreudigkeit, Achtung und liebevolle Leitung zum Ausleben kommen, ohne das Gemeinschaftsgefühl zu stören.*

Dies soll sich nun jeder vor Augen halten, der seine Feder eintaucht, um über Erziehungsfragen zu schreiben. Und ferner auch, daß man all die Regungen der Kinder mühelos wiederfindet im Leben der Erwachsenen, nicht anders, als wäre das Leben eine Fortsetzung der Kinderstube, nur mit schwerwiegenden Folgen und persönlicher Gefahr. Und der Prediger muß gewärtig sein, entweder gleich am Anfang niedergeschrien oder erst angehört und bald vergessen zu werden. Wie recht hat doch jene Anekdote, die von zwei Freunden erzählt, daß sie eines Tages über eine Frau in Streit gerieten, wobei der eine sie als dick, der andere als mager hinstellte! Unser geistiges Leben ist hochgradig nervös geworden, *reizsam,* hat der Geschichtsforscher *Lamprecht* gesagt, so sehr, daß jede lehrhafte Meinung oder Äußerung in der Regel den Widerspruch des andern wachruft. Und dies ist noch der günstigere Fall. Denn ist so das Gleichgewicht zwischen Schriftsteller und Leser einigermaßen hergestellt, dann wagt sich schüchtern auch die Anerkennung hervor oder man trägt fürsorglich eine gewonnene Einsicht nach Hause. Besonders dem Erzieher, aber auch dem Arzte geht es so. Die Früchte ihrer sozialen Leistungen reifen spät. Denn wo gibt es einen Menschen, der sich nicht zum Erzieher oder Arzt geschaffen glaubte und deshalb munter herumdokterte an Kindern und Kranken?

Am besten, man lernt an den Kindern, wie man den Eltern mit Ratschlägen beikommt. Da muß nun in erster Linie anerkannt werden, was gut und klug erscheint. Und zwar bedingt, womöglich ohne Übertreibung. Aber dieses Zugeständnis dürfen wir Pädagogen den Eltern machen, daß sie viele Vorurteile aufgegeben haben, daß sie bessere Beobachter geworden sind und daß sie nur selten mehr den Drill für ein Erziehungsmittel halten. Auch die Aufmerksamkeit und das Interesse für das Wohlergehen des Kindes sind ungleich größer geworden, wo nicht das Massenelend allen Eifer und alles Verständnis erstickt oder den Zusammenhang von Eltern und Kindern zerreißt. Man trachtet mehr als früher nach körperlicher Ausbildung, weiß Verstocktheit und Krankheit besser zu trennen, sucht seine Grundsätze über Kinderhygiene den modernen Anschauungen anzupassen und beginnt sich loszulösen vom Wunderglauben an den Stock, von der Fabel, daß die Strafe im Kinderleben die Stittlichkeit stärke.

Und wir Pädagogen wollen uns nicht aufs hohe Roß setzen. Wir wollen gerne zugeben, daß unsere Wissenschaft keine allgemeingültigen Regeln liefert. Auch daß sie nicht abgeschlossen, sondern in Entwicklung begriffen ist. Daß wir das Beste, was wir haben, nicht erdenken oder erdichten können, sondern in vorurteilsloser Beobachtung erlernen. Auch läßt sich Pädagogik nicht wie eine Wissenschaft, sondern nur als Kunst erlernen, und daraus geht hervor, daß mancher ein Künstler sein kann, bevor er ein Lernender war.

Das »Werk der guten Kinderstube« ist unvergänglich und ein sicheres Bollwerk fürs Leben. Wer möchte es nicht seinen Kindern schaffen? Am Willen fehlt es wohl nie. Was am meisten die ruhige Entwicklung des Kindes stört, *ist die Uneinigkeit der Eltern und einseitige, oft unbewußte Ziele und Absichten des Vaters oder der Mutter.* Von diesen soll nun die Rede sein.

Wie oft ist eines oder beide der Elternteile in seiner geistigen Reifung vorzeitig stecken geblieben! Nicht wissenschaftliche, sondern soziale Reife kommt in Betracht, die Schärfung des Blicks für Entwicklung, für neue Formen des Lebens. Schon das Leben in der Schule und der Umgang mit Altersgenossen fördert häufig innere Widersprüche zutage, in denen die Achtung vor dem Elternhause verfliegt. Wird diese nun gar mit Gewalt festzuhalten versucht, so kommt das Kind leicht zu offener oder heimlicher Auflehnung. Es sieht die Eltern so oft im Unrecht, daß sein Geltungstrieb in ein einziges trotziges Sehnen aufläuft: alles im Gegensatz zu den Eltern zu tun! In den äußersten Fällen merkt man leicht am Gehaben des Kindes: *die Eltern sollen nicht recht behalten!* Der rückwärts gewandte Blick der Eltern hindert oft ihr Vorwärtsschreiten, sie hängen oft an Dogmen und veralteten Erziehungsweisen fest, weil sie im Kampf des Lebens sich und ihre Familie isoliert haben. Nun ist der Fortschritt des sozialen Lebens an ihnen vorübergegangen, sie sind von der Überlieferung alter Erziehungsweisen gefangen gesetzt, bis das Kind aus der Schule die neuen Keime nach Hause trägt und die Erkenntnis seines Gegensatzes zu seinen Eltern täglich stärker fühlt und erlebt. Auch die Verschiedenheit der Wertschätzung fällt ins Gewicht. In der engen Kinderstube gilt der Knabe als Genie, in der Schule stößt man sich an seinen frech-albernen Äußerungen. Zu Hause zurückgesetzt, bringt das Kind sich in der Schule zur Geltung. Oder es tauscht eine traditionell unzärtliche Häuslichkeit gegen verständnisvolles Entgegenkommen bei Altersgenossen und Lehrern. Dieser Umschwung in den Beziehungen tritt häufig ein und macht das Kind für lange Zeit unsicher oder sicherer.

Es muß ein Einklang bestehen zwischen den Forderungen in der Kinderstube und der Entwicklung unseres öffentlichen Lebens. Denn gerade die Kinder, die erst in der Schule und in der Außenwelt umsatteln müssen, die auf andersgeartete, kaum vermutete Schwierigkeiten stoßen, sind am meisten gefährdet. Die Eltern könnten es zur Not erreichen, daß sich das Kind ihnen völlig unterordnet und seine Selbständigkeit begräbt. Die Schule aber und die Gesellschaft von Kameraden, von der Gesellschaft der Erwachsenen ganz zu schweigen, wird sich gerade an dieser Hilflosigkeit und an diesem unselbständigen Wesen am meisten stoßen, sie werden den Schwächling verwerfen, krank machen oder erst aufrütteln müssen, wobei recht oft der kaum gebändigte Trotz über alles Maß hinauswächst und sich in allerlei Verkehrtheiten austobt. Oder Feigheit und Schüchternheit schlagen Wurzel.

Zeigt die Isolierung der Familie oft solche Fehler, so sollte man meinen, daß ein einfacher Hinweis bereits genügt. Weit gefehlt! Eine genaue Einsicht hat gelehrt, daß die Eltern oder wenigstens ein Teil derselben *nicht imstande sind,* ihre oft unbewußte Stellung zur Gesellschaft aufzugeben, und daß sie immer wieder versuchen, innerhalb ihrer Familie sich die Geltung zu verschaffen, die ihnen die Außenwelt verwehrt hat. Wie oft dieses Gehaben in offene und versteckte Tyrannei ausartet, lehren die Krankheitsgeschichten der später nervös gewordenen Kinder. Bald ist es der Vater, der seine eigenen schlimmen Instinkte fürchtet, sie mit Gewalt bezähmt und nun bei den Kindern deren Ausbruch und Spuren mit Übereifer zu verhüten sucht, bald eine Mutter, die ewig ihre unerfüllten Jugendphantasien betrauert und ihre Kinder zum Opfer ihrer unbefriedigten Zärtlichkeit oder ihrer Launenhaftigkeit auserwählt. Oder: der Vater sieht sich von einem heißersehnten Lebensziel abgeschnitten und peitscht nun den Sohn mit ängstlicher Hast, daß der ihm die Erfüllung seines Sehnens bringe. Hier eine Mutter, die sich zum übereifrigen Schutzengel ihrer Kinder aufwirft, jeden Schritt der vielleicht bereits Erwachsenen bedauert, überall Ängstlichkeit und Feigheit züchtet, jede Willensregung des Kindes als gefahrvoll bejammert, vielleicht nur, um sich ihre Unentbehrlichkeit zu beweisen, vielleicht nur um »der Kinder wegen« in einer liebeleeren Ehe standzuhalten, vielleicht nur um weiteren Kindersegen als Überlastung abzuwehren. Im folgenden will ich einige dieser *typischen Situationen* zu schildern versuchen. Immer werden wir es mit Eltern zu tun bekommen, *die einem Gefühl der eigenen Unsicherheit durch übertriebene Erziehungskünste zu entkommen suchen.* Ihr ganzes Leben ist mit ausgeklügelten »*Sicherungstendenzen*« durchsetzt. Mit letzteren greifen sie in die Erziehung ein, machen ihre Kinder ebenso unsicher und im schlechten Sinne *weibisch,* wie sie selbst es sind, und legen so den Keim zu den stürmischen Reaktionen des »männlichen Protestes«, durch die der Geiz, der Ehrgeiz, der Neid, der Geltungsdrang, Trotz, Rachsucht, Grausamkeit, sexuelle Frühreife und verbrecherische Gelüste maßlos aufgepeitscht werden können. Trotz des fortschreitenden Zusammenbruchs ihres Erziehungswerkes halten sich solche Eltern häufig für geborene Pädagogen. Oft haben sie den Schein für sich: sie haben alle kleinen Möglichkeiten in den Bereich ihrer Erwägungen gezogen. Nur ein Kleines haben sie vergessen: *den Mut und die selbständige Energie ihrer Kinder zu entwickeln,* den Kindern gegenüber ihre Unfehlbarkeit preiszugeben, ihnen den Weg frei zu geben. Mit beharrlicher Selbstsucht, die ihnen selbst nicht bewußt wird, lagern sie sich vor die Entwicklung der eigenen Kinder, bis diese gezwungen sind, über sie hinwegzuschreiten.

Manchmal wird ihnen der Schiffbruch offenbar: dann sind sie geneigt, diesen »Schicksalsschlag« als unbegreiflich hinzustellen und die Flinte rasch ins Korn zu werfen. In solchen Fällen muß man — man hat es ja mit nervös Erkrankten zu tun — vorsichtig eingreifen. Belehrungen werden regelmäßig als Beleidigungen aufgenommen. Manche verstehen es mit großer Geschicklichkeit, durch heimliche Sabotage, ein Fiasko der pädagogischen Ratschläge herbeizuführen, um den Arzt und Pädagogen bloßzustellen. Feines Taktgefühl, unerschütterliche Ruhe und Vorhersage der zu erwartenden Schwierigkeiten bei Eltern und Kindern sichern den Erfolg.

Und nun zu unseren Typen, zu den Fragen nach der Erziehung der Eltern.

I. Schädigung der Kinder durch Übertreibung der Autorität

Ich habe den bestimmten Eindruck gewonnen, daß die menschliche Psyche eine dauernde Unterwerfung nicht verträgt. Nicht unter die Naturgesetze, die sie durch List und Gewalt zu überwinden trachtet, nicht in der Liebe und Freundschaft, und am wenigsten in der Erziehung. In diesem Ringen, frei, selbständig zu werden, *oben zu sein,* liegt offenbar ein Teil jenes übermächtigen Antriebes zutage, der die ganze Menschheit empor zum Lichte führt. Selbst die Frommen und Heiligen hatten ihre Stunden des inneren Aufruhrs, und die fußfällige Anbetung der Naturgewalten dauerte nur so lange, bis ein Mensch den Blitz den Händen des Gottes entriß, bis die gemeinsame Einsicht den tobenden Gewalten des Meeres und der Flüsse und der Herrscher Dämme erbaute und die Herrschaft erlistete.

Über die Herkunft *dieses Drängens nach oben* erfährt man durch genaue Einzelbeobachtungen folgendes: je kleiner oder schwächer ein Kind sich in seiner Umgebung *fühlt,* desto stärker wird sein Hang, seine Hast und Gier, *an erster Stelle zu sein;* je unsicherer und minderwertiger es den Erziehern gegenübersteht, um so stürmischer sehnt es deren Überwindung herbei, um Anerkennung und Sicherheit zu finden. Jedes Kind trägt Züge dieser Unsicherheit und zeigt die Spuren des Weges dauernd in seinem Charakter, wie es sich zu schützen suchte, fürs ganze Leben. Bald sind es Charakterzüge, die wir als aktive, bald solche, die wir als passive empfinden. Trotz, Mut, Zorn, Herrschsucht, Wißbegierde sollen uns als *aktive Sicherungstendenzen* gelten, durch die sich das Kind vor dem Unterliegen, *vor dem »Untensein«* zu schützen sucht. Die deutlichsten Sicherungstendenzen *der passiven Reihe* sind Angst, Scham, Schüchternheit und Unterwerfung. Es ist wie beim Wachstum der Organismen überhaupt, etwa der Pflanzen: die einen durchbrechen jeden Widerstand und streben mutig empor, die andern ducken sich und kriechen ängstlich am Boden, bis sie sich zögernd und anklammernd erheben. Denn hinauf, zur Sonne, wollen sie alle. Das organische Wachstum des Kindes hat in dem seelischen Aufwärtsstreben, in seinem Geltungsdrang, eine durchaus nicht zufällige Parallele.

Wie gesagt, da gibt es nun Eltern — und vielleicht sind wir alle ihnen ähnlich —, die sich nicht vollends ausgewachsen haben. Irgendwo sind sie im Wachstum gehemmt, geknickt, nach unten gebeugt, und nun steckt noch das machtvolle Drängen und Sehnen nach aufwärts in ihnen. Die Außenwelt nimmt keine Rücksicht auf sie. Aber innerhalb ihrer Familie darf nur ihr Wort gelten. Sie sind die brennendsten Verfechter der Autorität. Und wie immer, wenn einer die Autorität verteidigt, meinen sie stets die ihrige, nie die des anderen. Nicht immer sind sie brutale Tyrannen, obgleich sie die Neigung dazu haben. Auch Schmeichelei und List und Gnaden wenden sie an, um die andern zu beherrschen. Und immer sind sie voll von Grundsätzen und Prinzipien. Alles müssen sie wissen und besser wissen, stets soll ihre Überlegenheit zutage treten. Die anderen Familienglieder sind strenge verpflichtet, die Ehre und Bedeutung der herrschenden Person in der Außenwelt zu bekunden. Nur Lichtseiten des Familienlebens müssen der Umgebung vor Augen geführt werden, in allen anderen Beziehungen muß gelogen und geheuchelt werden. Der geistige und körperliche Fortschritt der Kinder soll dem Ruhme des Vaters oder der Mutter dienen, jeder Tadel in der Schule und alle die kleinen Streiche der Kindheit werden zum Elternmord aufgeblasen und ununterbrochen verfolgt. Vater oder Mutter spielen dann lebenslänglich den Kaiser, den unfehlbaren Papst, den Untersuchungsrichter, den Weltweisen, und die schwache Kraft des Kindes zwingt sich vergeblich zum Wettlauf. Ewig beschämt und verschüchtert, bestraft, verworfen und von Rachegedanken gequält, verliert das Kind allmählich seinen Lebensmut oder flüchtet sich in den Trotz. Allenthalben schwebt das Bild des Erziehers als Autorität um den Heranwachsenden, droht und fordert, hält ihm Gewissen und Schuldgefühl rege, ohne daß dabei mehr herauskommt als feige Unterwerfung mit folgender Wut oder trotziges Aufbäumen mit folgender Reue.

Des Kindes ferneres Leben verrinnt dann in diesem Zwiespalt. Seine Tatkraft wird gelähmt; die ihm auferlegten Hemmungen erscheinen ihm unerträglich. Man kann solche Menschen im späteren Leben leicht erkennen: sie zeigen *auffällig viele Halbheiten* in ihrem Wesen, stets ringen zwei entgegengesetzte Regungen um die Herrschaft in ihrer Seele, lösen jederzeit den

Zweifel aus, der sich gelegentlich in die *Angst* vor der Tat oder in den *Zwang* zur Tat auflöst. Der Idealtypus dieser Art Menschen, der *psychische Hermaphrodit, ist auf halb und halb* eingestellt und fürchtet sich vor jeder Beziehung, die er als Zwang empfinden könnte.

II. Schädigung der Kinder durch die Furcht vor Familienzuwachs

Wer wollte die große Verantwortlichkeit aus dem Auge lassen, die der Eltern wartet, sobald sie Kinder in die Welt setzen. Die Unsicherheit unserer Erwerbsverhältnisse, die Rücksicht auf die eigene Kraft, wie oft erfüllen sie ein Ehepaar mit Sorgen, wenn sie an die Erhaltung und Erziehung von Kindern denken! Nicht anders die Schmerzen und Qualen, die Krankheiten, Mißwuchs und schlechtes Gedeihen der Kinder dem Elternherzen bereiten können. Dazu kommen noch andere Bedenken. Man war vielleicht selbst einmal krank. Irgendwer in der Familie litt an Nervosität, an Geisteskrankheit, an Tuberkulose oder Augen- und Ohrenkrankheiten. Wie leicht kann das Kind ein Krüppel, ein Idiot, ein Verbrecher werden. Wie leicht könnte die Mutter selbst unter der Mühe des Gebärens, der Pflege des Stillens zusammenbrechen. Soll man so viel Schuld auf sich laden? Darf man ein Kind einer gefährlichen Zukunft aussetzen?

Solche Einwendungen werden oft mit unheimlichem Scharfsinn erdacht und begründet. Und doch! Manche der obigen Fragen sind bis heute noch nicht einwandfrei gelöst.

Aber gerade deshalb eignen sie sich ganz ausgezeichnet, den Schreckpopanz abzugeben. Und sobald diese Frage, *die nur sozial gelöst werden kann,* innerhalb der Familie oder durch private Initiative gehandelt wird, muß sie notwendigerweise zu Schädigungen führen. Wir wollen bloß hindeuten auf die Verdrossenheit und Unbefriedigung, die dem Prohibitivverkehr zuweilen folgen. Ebenso ist zu bedenken, daß die künstliche Behinderung der Befruchtung meist ein Verhalten nötig macht, das *vorhandene Nervosität* steigert. Nicht weniger fällt ins Gewicht, daß es meist die allzu vorsichtigen Menschen sind, die dem Kindersegen vorzubeugen trachten, daß diese ein ganzes Sicherungssystem ausbauen, wodurch ihre Vorsicht sich erheblich auswächst und auf alle Beziehungen des Lebens ausgedehnt wird. Ist in solchen Ehen noch kein Kind vorhanden, so zwingt die Sicherungstendenz die Eltern, ihre Lage grau in grau anzusehen. Allerlei hypochondrische Grübeleien werden angesponnen und festgehalten, damit die Gesundheit nur nicht einwandfrei erscheint. Fragen der Bequemlichkeit und des Luxus nehmen einen ungeheueren Raum ein und züchten einen ungemein verschärften Egoismus, so daß sich dieser Egoismus wie eine unübersteigliche Schranke gegen die Eventualität einer Nachkommenschaft aufrichtet. Kommt aber dann doch ein Kind, so befindet es sich in einer so untauglichen Umgebung, daß seine leibliche und geistige Gesundheit in Frage gestellt ist. Jedes der Elternteile sucht dem andern die Last der Erziehung zuzuschieben, wie wenn er ihm die Schwierigkeit der Kinderpflege verkosten lassen wollte, um vor weiterer Nachkommenschaft abzuschrecken. Alle Leistungen werden als Qual empfunden, das Stillgeschäft wird oft zurückgewiesen, die gestörte Nachtruhe, die Fernhaltung von Vergnügungen überaus schwer und unter fortwährenden Klagen ertragen. Allerlei nervöse Symptome, Kopfschmerz, Migräne, Mattigkeit setzen ein und machen den Angehörigen recht deutlich, daß ein weiterer Zuwachs eine Gefahr, gewöhnlich für die Mutter, bedeuten würde. Oder die Eltern übertreiben ihr Pflichtgefühl in einer Weise, daß sie sich und das Kind dauernd schädigen. Fortwährend sind sie mit dem Kinde beschäftigt, belauschen jeden Atemzug, wittern überall Krankheitsgefahr, reißen das Kind aus dem Schlafe und überschreiten jede Maßregel so sehr, bis »Vernunft Unsinn, Wohltat Plage« wird. So daß in allen Beobachtern der Gedanke laut wird: *wie schrecklich wäre es, wenn diese Eltern ein zweites Kind hätten!* Zuweilen steigert sich die Nervosität nach der Geburt bis zu schweren Dämmerzuständen und weist so auf die Furcht vor einer neuerlichen Schwangerschaft hin.

In späterer Zeit werden alle die fehlerhaften Eigenschaften des »einzigen Kindes« klar zutage treten. Das Kind wird selbst übertrieben ängstlich, lauert auf jede Gelegenheit, die überängstlichen Eltern unterzukriegen, mit ihrer Sorge zu spielen und sie in seinen Dienst zu stellen. Trotz und Anlehnungsbedürfnis wuchern ins Ungemessene, und eine Sucht, krank zu sein, zeichnet solche Kinder aus, weil sie durch Krankheit am leichtesten zu Herren der Lage werden.

III. Schädigung des »Lieblingskindes« und des »Aschenbrödels«

Es ist für Eltern gewiß nicht leicht, ihre Sorgfalt und Liebe gleichmäßig auf mehrere Kinder zu verteilen. Der gute Wille fehlt selten.

Was bedeutet dies aber gegenüber einer unbewußten Einstellung, die ständig das Urteil und die Handlungsweise der Eltern zu beeinflussen versucht; was bedeutet dies vollends gegenüber dem feinen Gefühle der Kinder für Gleichberechtigung oder gar gegenüber einem einmal erwachten Mißtrauen!

Schon unter den günstigsten Verhältnissen in der Kinderstube wird sich das jüngere von den Kindern den älteren gegenüber zurückgesetzt fühlen. Des Kindes Wachstumsdrang verleitet es dazu, sich ständig mit seiner Umgebung zu messen und stets seine Kräfte mit denen der anderen Geschwister zu vergleichen. In der Regel stehen die jüngsten Kinder unter einem verstärkten seelischen Antriebe und entwickeln die größere Gier nach Geltung, Besitz und Macht. Solange dieses Streben in den Grenzen des kulturellen Ehrgeizes bleibt, kann man davon die besten Früchte erwarten. Nicht selten aber kommen starke Übertreibungen aktiver Charakterzüge zustande, unter denen Neid, Geiz, Mißtrauen und Roheit besonders stark hervorstechen. Die natürlichen Vorteile der älteren Kinder drücken wie eine Last auf dem Kleinsten und zwingen es zu verstärkten *Sicherungstendenzen,* wenn es sich auf ungefähr gleicher Höhe der Geltung erhalten will.

Nicht anders wirkt die Bevorzugung eines Kindes auf die anderen. Ein Gefühl und die Befürchtung der Zurückgesetztheit mischt sich dann stets in alle seelischen Regungen, die Aschenbrödelphantasie breitet sich mächtig aus, und bald setzen Schüchternheit und Verschlossenheit ein. Das zurückgesetzte Kind sperrt sich seelisch ab und versetzt sich bei allen denkbaren Anlässen in eine Stimmung der Gekränktheit, die endlich in dauernde Überempfindlichkeit und Gereiztheit übergeht. Verzagt und ohne rechte Zuversicht blickt es in die Zukunft, sucht sich durch allerlei Winkelzüge vor stets erwarteten Kränkungen zu sichern und fürchtet jede Prüfung oder Entscheidung. Seine Tatkraft leidet durch die ewige Angst vor dem Nichtankommenkönnen, vor der Blamage, vor der Strafe. In den stärker ausgeprägten Fällen wandelt sich das Kind so sehr zu seinen Ungunsten, seine gereizte Trotzigkeit wird ein derart bedeutsames Hindernis für seine Entwicklung, daß es schließlich die Zurücksetzung gegenüber den anderen Kindern zu verdienen scheint. Wenn dann bei unliebsamen Zufällen und Streichen, an denen gerade dieses Kind beteiligt erscheint, die Eltern oder Lehrer zornig hervorheben: »Wir haben es immer gewußt! So mußte es kommen!« — dann ist die bescheidene Erinnerung am Platze: »Gewußt? Nein! Ihr habt es gemacht!« — Zuweilen sind solche *»zurückgesetzte«* Kinder bloß in ihrem Verwandten- und Bekanntenkreis befangen, legen ihre Zurückhaltung aber ab, sobald sie in fremder Gesellschaft sind, so als ob sie unter dem Druck bekanntgewordener Sünden stünden. Da hilft freilich dann nur Entfernung aus dem oft ungeeigneten Kreis oder — in schweren Fällen — vollkommene Erfassung der Lage durch das Kind und Loslösung, Erziehung zur Selbständigkeit durch individualpsychologische Heilpädagogik.

Oft liegt der *Grund zur Zurücksetzung im Geschlecht des Kindes;* sehr häufig wird der Knabe dem Mädchen vorgezogen, wenn auch das Gegenteil manchmal vorkommt. Unsere gesellschaftlichen Formen sind dem männlichen Geschlecht um vieles günstiger. Dieser Umstand wird von den Mädchen ziemlich früh erfaßt, und das Gefühl der Zurücksetzung ist unter ihnen ziemlich allgemein verbreitet. Entweder wollen sie es in allem den Knaben gleich tun, oder sie suchen in ihrer, der weiblichen Sphäre ihr Gefühl der Zurückgesetzheit wettzumachen, sichern sich vor Demütigungen und Beeinträchtigungen durch übergroße Empfindlichkeit und Trotz und nehmen Charakterzüge an, die sich nur *als Schutzmaßregeln* verstehen lassen. Sie werden geizig, neidisch, boshaft, rachsüchtig, mißtrauisch, und zuweilen versuchen sie sich durch Verlogenheit und Hang zu heimlichen Verbrechen schadlos zu halten. In diesem Streben liegt durchaus *kein weiblicher* Zug, sondern *dies ist der Protest des in seinem innersten Wesen unsicher gewordenen Kindes,* es ist der unbewußte, unabweisbare Zwang, die gleiche Höhe mit dem Manne zu halten, kurz: *der männliche Protest.* Nicht etwa die *Tatsache* der Zurücksetzung fällt dabei ins Gewicht, sondern ein recht häufig verfälschtes, unrichtiges *Gefühl einer Zurückgesetztheit.* Mit der Zeit freilich, wenn das überempfindliche Kind unleidig wird, stets störend in die Harmonie des Zusammenlebens eingreift und seine überspannten, aufgepeitschten Protestcharaktere entwickelt, wird die Zurücksetzung zur Wahrheit, und das nervös disponierte Kind wird bestraft, strenger behandelt, gemieden, oft mit dem Erfolg, daß es sich in seinen Trotz versteift.

Oder die Umgebung gerät unter das Joch des zügellos gewordenen Kindes, für das jede persönliche Beziehung zu einem Kampf wird und jedes Verlangen in einen Hunger nach Triumph, nach einer Niederlage des anderen ausartet. Damit gelangt das Kind an die Schwelle der Neurose, des Verbrechens, des Selbstmordes. Zuweilen freilich auch an das Eintrittstor zur genialen Schöpfung. *Aus dem Gefühl der Zurückgesetztheit, der persönlichen Unsicherheit, aus der Furcht vor der zukünftigen Rolle und vor dem Leben entwickeln sich machtvoll übertriebene Regungen nach Geltung, Liebe und Zärtlichkeit,* deren Befriedigung fast nie gelingt, geschweige denn sofort. Im letzten Augenblicke noch schreckt das nervös disponierte Kind vor jeder Unternehmung zurück und ergibt sich einer Zagheit, die jedes tatkräftige Handeln ausschließt. *Alle Formen der Nervosität schlummern hier im Keime und dienen, einmal zum Ausbruch gekommen, dieser Furcht vor Entscheidungen.* Oder die aufgepeitschten Affekte durchbrechen alle moralischen und seelischen Sicherungen, drängen mit Ungestüm zur Tat, die freilich oft genug auf den verbotenen Wegen des Verbrechens und des Lasters reif wird.

Was das *Lieblingskind,* das verhätschelte, verzogene Kind anlangt, so besteht dessen Schädigung vor allem darin, daß es schon frühzeitig *seine Macht fühlen und mißbrauchen lernt.* Infolgedessen ist sein Geltungsdrang so wenig eingeschränkt und fügsam, daß das Kind jede Unbefriedigung, mag sie noch so sehr durch das Leben bedingt sein, *als eine Zurücksetzung fühlt.* Die Eltern schaffen also mit Fleiß und Absicht für ihren Liebling Zustände, die ihm die gleiche Gereiztheit und Überempfindlichkeit anheften wie dem zurückgesetzten Kinde. Dies wird freilich zumeist erst in der Schule oder außerhalb der Kinderstube klar. Die gleiche Unsicherheit, die gleiche Ängstlichkeit und das Bangen vor dem Leben charakterisieren die Lieblingskinder. Zuweilen sind diese Züge durch anmaßendes Benehmen und Jähzorn verdeckt. Da diese Kinder gewohnt waren, sich ihrer Umgebung als einer Stütze zu bedienen, den Eltern und Geschwistern eine dienende Rolle zuzuweisen, suchen sie in ihrem ferneren Leben stets wieder nach ähnlichen Stützen, finden sie nicht und ziehen sich verschüchtert und grollend zurück.

Beiderlei Erziehungsweisen führen also zu Steigerungen der Affektgrößen und drohen mit dauernder Unzufriedenheit, Pessimismus, Weltschmerz und Unentschlossenheit. Nicht selten betrifft die Verzärtelung ein einziges Kind. Wie oft sich da die Schädigungen der Verwöhnung mit jenen summieren, die aus der Furcht vor weiterem Nachwuchs entstehen, ist leicht einzusehen. Auch übertriebenes Autoritätsgelüste der Eltern wirkt schärfer, sobald es sich nicht auf mehrere Kinder verteilen kann, sondern bloß auf ein einziges drückt.

Nun gibt es gerade in Hinsicht auf die Ursachen der Verzärtelung eine Anzahl von Schwierigkeiten, zu deren Beseitigung ein besonders heller Blick der Eltern und hervorragendes erzieherisches Feingefühl gehören. So in dem Falle, wenn es sich um ein *kränkliches oder krüppelhaftes* Kind handelt. Wen rührt nicht der Gedanke an die Liebe und treue Pflege der Mutter am Bett des kranken Kindes! Und doch kann dabei leicht ein Übermaß von Zärtlichkeit einfließen, besonders dort, wo dauernd kränkliche Kinder oder die Erinnerung an verstorbene in Betracht kommen. Das Kind findet sich gern in dem Gedankengang zurecht, daß ihm die Krankheit zur »Sicherung« im Leben dienlich sein kann, daß sie ihm zu vermehrter Liebe, zur Schonung und zu mehreren anderen Vorteilen verhilft. Von den kleinen, aber für das spätere Leben oft so bedeutsamen Vergünstigungen, — im Bett der Eltern, in ihrem Schlafzimmer schlafen zu dürfen, beständig unter ihrer Obhut zu stehen, jeder Mühe überhoben zu werden, — bis zum Verlust jeder Hoffnung und jedes Wunsches nach selbständigem Handeln führt eine gerade Linie. Der Raub aller Lebenszuversicht, der an diesen von der Natur zurückgesetzten Kindern begangen wird, wirkt um so aufreizender, weil er oft nur mit Mühe umgangen werden kann. Aber so stark muß die Liebe und das erzieherische Pflichtgefühl sein, daß es auch um den Preis des eigenen Schmerzes den Krüppeln und Bresthaften zum Lebensmut und zum selbständigen Wirken und Ausharren verhilft.

Auch die *Bevorzugung schöngebildeter und besonders wohlgeratener Kinder* entspringt meist einer begreiflichen Stellungnahme der Eltern und Erzieher, geht aber oft, da unbewußte, unkontrollierte Gefühle des eigenen Stolzes mitsprechen, um ein Erhebliches zu weit. Man muß nur auch den Fehler zu vermeiden trachten, den gesunden und geratenen Kindern ihrer natürlichen Vorzüge wegen schärfer zu begegnen, wozu man sich manchmal aus übertriebenem Gerechtigkeitsgefühl gedrängt glaubt.

Nun gibt es eine Art der Bevorzugung, die mehr als alle anderen ins Gewicht fällt, die aus gesellschaftlichen, realen Ursachen hervorgeht, von den Eltern und Erziehern aber oft bedeutsam gefördert wird, so daß häufig genug nicht bloß das bevorzugte, sondern auch das zurückgesetzte Kind Schaden leidet. Ich meine die überaus großen Vorteile, deren sich im allgemeinen *das männliche Geschlecht* erfreut. Diese Vorteile beeinflussen das Verhalten der Eltern allzusehr, und es ändert an dem Schaden nur wenig, wenn Mädchen in der Familie keine Zurücksetzung erfahren. Das Leben und unsere gesellschaftlichen Zustände legen den Mädchen das Gefühl ihrer Minderwertigkeit so nahe, daß der Psychologe ausnahmslos die Regungen erwarten darf, die einer Reaktion auf dieses Gefühl der Zurückgesetztheit entspringen: Wünsche, es dem männlichen Geschlecht gleich zu tun, Widerstand gegen jeden Zwang, Unfähigkeit sich zu unterwerfen, sich zu fügen. Selbst bei der geeignetsten Erziehung wird sich des Mädchens, aber auch des mädchenhaften Knaben ein Gefühl der Unsicherheit, ein Hang zur Verdrossenheit, Unversöhnlichkeit und eine meist unbestimmte Empfindung von ängstlicher Erwartung bemächtigen. *Die Einordnung in die Geschlechtsrolle geht unter ungeheurer Anspannung der Phantasie vor sich.* Eine Phase der Undifferenziertheit *(Dessoir)* läßt regelmäßig Regungen erstarken, die eine *Hast männlich zu werden* verraten, stark, groß, hart, reich, herrschend, mächtig, wissend zu erscheinen, die von Furchtregungen begleitet werden, als deren psychologischen Ausdruck man eine gewisse Unverträglichkeit gegen Zwang, gegen Gehorsam, gegen Unterwerfung und Feigheit, kurz, gegen »weibliche« Züge finden wird. Alle Kinder nun, deren Undifferenziertheit länger und deutlicher zum Ausdruck kommt — psychische Hermaphroditen —, werden *kompensatorisch* als Gegengewicht gegen das wachsende Gefühl ihrer Minderwertigkeit negativistische Züge entwickeln, Knaben wie Mädchen, Züge von Trotz, Grausamkeit, Unfolgsamkeit, ebenso auch von Schüchternheit, Angst, Feigheit, List und Bosheit, oft ein Gemisch mehr oder weniger aggressiver Neigungen, die in den *männlichen Protest* genannt habe. So kommt ein aufgepeitschtes Verlangen in diese Kinderseelen, aus unbewußten Phantasien reichlich genährt: *männlich zu scheinen und sofort den Beweis von der Umgebung zu verlangen.* Und nie fehlt die Gegenseite dieses Verlangens: die Furcht vor der Entscheidung, vor der Niederlage, vor dem »Untensein«. Aus diesen Kindern werden die Stürmer und Dränger in gutem wie in schlechtem Sinne, die stets Verlangenden, nie Zufriedenen, hitzige, aufbrausende Kampfnaturen, die doch stets wieder an den Rückzug denken. Stets leiden ihre sozialen Gefühle, sie sind starre Egoisten, haben aber oft die Fähigkeit, ihre Selbstsucht vor sich und anderen zu verstecken, und arbeiten ununterbrochen an der Entwertung aller Werte. Wir finden sie an der Spitze der Kultur, ebenso im Sumpfe. Der größte Teil von ihnen scheitert und verfällt in Nervosität.

Ein Hauptcharakter ihrer Psyche ist der *Kampf gegen das andere Geschlecht,* ein oft heftig, oft still, aber erbittert geführter Kampf, dem stets auch Züge von Furcht sich beimengen. Es ist, als ob sie zur Erlangung ihrer erträumten Männlichkeit die Niederlage eines Geschlechtsgegners nötig hätten. Man glaube aber nicht, daß die Züge offen zutage liegen. Sie verstecken sich gewöhnlich unter ethische oder ästhetische Rücksichten und gipfeln in den Jahren nach der Pubertät in *der Unfähigkeit zur Liebe und in der Furcht vor der* Ehe.

Was können Eltern und Erzieher tun, um diesem Schaden vorzubeugen, der aus dem Umstände entspringt, daß das Kind die Frau und ihre Aufgaben geringer wertet? Die Wertdifferenz zwischen männlichen und weiblichen Leistungen in unserer allzusehr auf Werte erpichten Gesellschaft können sie nicht aus der Welt schaffen. Sie können aber dafür sorgen, daß sie im Rahmen der Kinderstube *nicht allzu aufdringlich hervortritt.* Dann wird *die Angst vor dem Schick-*

sal der Weiblichkeit nicht aufflammen können, und die Affekte bleiben ungereizt. Man darf also die Frau und ihre Aufgaben in der Kinderstube nicht verkleinern, wie es oft zu geschehen pflegt, wenn der Vater seine Männlichkeit hervorzuheben sucht, oder wenn die Mutter verdrossen über ihre Stellung im Leben zürnt. Man soll Knaben nicht zum Knabenstolz anhalten, noch weniger dem Neid der Mädchen gegenüber dem Knaben Vorschub leisten. Und man soll in erster Linie den Zweifel des Kindes an seiner Geschlechtsrolle nicht nähren, sondern von der Säuglingszeit angefangen seine Einfügung in dieselbe durch geeignete Erziehungsmaßnahmen fördern.

Theoretische Grundlegung

Der Wert statistischer Erhebungen soll keineswegs geleugnet werden, solange sie darauf gerichtet sind, ein Bild zu entwerfen über die Häufung der Selbstmordfälle und über begleitende Umstände. Schlüsse zu ziehen, sei es auf die psychische Individualität, sei es auf die Motive des Selbstmordes, ist auf Basis der Statistik allein unmöglich. Man wird da leicht zu voreiligen Anschuldigungen von Institutionen oder von Personen kommen, solange die treibenden Motive in ihrem vollen Umfang unbekannt bleiben. Soziales Elend, Mängel von Schuleinrichtungen, Fehler der Pädagogik, zahlreiche andere schwache Punkte unserer Kultur können dabei zur Aufdeckung kommen.

Aber wird uns daraus die *psychologische Situation* des Selbstmörders, *etwa die Dynamik klar,* die ihn aus dem Leben treibt? — Wenn wir wissen, daß die dichtest bevölkerten Gegenden die relativ größte Zahl der Selbstmörder aufweisen, daß gewisse Monate den höchsten Stand der Selbstmörderziffern zeigen, lernen wir daraus auch nur ein einziges zureichendes, was sage ich? — *erklärendes* Motiv kennen? Nein. Wir erfahren nur, daß der Selbstmord, wie jede andere Erscheinung auch, dem Gesetz der großen Zahl folgt, daß er mit anderen sozialen Erscheinungen Verknüpfungen aufweist.

Der Selbstmord kann nur individuell begriffen werden, wenngleich er soziale Voraussetzungen und solche Folgen hat.

Dies erinnert an die Entwicklung der Neurosenlehre.

Und auch, daß man, solange nicht volle Klarheit über die psychologische Konstellation des Selbstmordes und über das Wesen der Motive herrscht, an ein Verständnis oder gar an eine grundlegende Heilung nicht denken kann.

Und selbst wenn sich auf sozialem Wege ein Mittel fände, vereinzelt Selbstmorde zu verhüten, wie es die Aktion der Heilsarmee in London versucht, indem sie Aufrufe erläßt, die Selbstmordkandidaten zu sich ladet, um ihnen Trost und Hilfe zu spenden; selbst wenn es gelänge, praktisch die Zahl der Selbstmorde, sei es, wie manche irrtümlich glauben, durch Vertiefung der Religiosität, durch verbesserte Pädagogik, durch soziale Reformen und Hilfeleistungen einzuschränken, so bliebe es dennoch ein verdienstliches Werk, den psychischen Mechanismus, die geistige Dynamik des Selbstmordproblems klarer gestellt zu haben. Einerseits wegen der Möglichkeit einer individuellen, weiterhin durch das Mittel der Pädagogik und der sozialen Reform allgemeineren Prophylaxe. Andererseits, weil offenbar das psychische Gefüge des Selbstmörders im Zusammenhang steht mit psychischen Zustandsformen und psychischen Einstellungen anderer Art, vor allem solchen der nervösen und psychischen Erkrankungen, so daß im Falle des Gelingens einer derartigen Zusammenhangsbetrachtung Ergebnisse des einen Problems zu Nutzen des anderen verwertet werden könnten.

Dieser Versuch der Zusammenhangsbetrachtung wird wesentlich unterstützt durch die Volksmeinung, die jedesmal geneigt ist, dem Selbstmörder den Milderungsgrund der Unzurechnungsfähigkeit zuzubilligen; aber auch durch Ergebnisse aus der Psychiatrie, den Zusammenhang von Geisteskrankheit und Selbstmord betreffend.

Aus welchem Material kann ein Nervenarzt, der sich der individualpsychologischen Untersuchung bedient, Erkenntnisse sammeln, um die Fragen des Selbstmordes zu lösen?

Der gelungene Selbstmord vereitelt ja eine direkte Einsicht, etwa durch Befragen oder Reaktionsprüfung. Bleiben in diesem Falle nur Aufzeichnungen und Auskünfte der Umgebung, die mit Vorsicht aufzunehmen sind und höchstens Bedeutung erlangen können, wenn sie mit grundlegenden psychologischen Ergebnissen übereinstimmen. Insbesondere was Ansichten der Umgebung anlangt, ist die Tatsache festzuhalten, daß sich die *unglaublich empfindliche Natur* des Selbstmörders stets verkleidet und in ein Geheimnis hüllt.

Bleiben also nur die Fälle von mißlungenem Selbstmord und die überaus häufigen unausgeführten Selbstmordregungen, die einer Erforschung durch die Individualpsychologie zugänglich sind. Freilich kompliziert sich dabei das Problem, weil diese Fälle gewöhnlich den Kompromißcharakter tragen, so daß sie im Zweifel stecken bleiben oder ungeeignete Mittel wählen und, während sie den Tod suchen, gleichzeitig auf Rettung bedacht sind.

Immerhin ist dies der einzige Weg, um Sicherheit darüber zu erlangen, *welcher Art die Menschen sind, die den Tod suchen, und welche Motive sie dabei bewegen.* Da kann ich nun mit Bestimmtheit sagen: der Entschluß zum Selbstmord tritt unter den gleichen Bedingungen ein, unter denen sich der Ausbruch einer nervösen Erkrankung (Neurasthenie, Angst- und Zwangsneurose, Hysterie, Paranoia usw.) oder ein nervöser Einzelfall vollzieht. Ich habe diese *»neurotische Dynamik«* in einigen Arbeiten (›Über neurotische Disposition‹, ›Psychischer Hermaphroditismus im Leben und in der Neurose‹ usw.) beschrieben, die als Fortsetzungen meiner *»Studie über Minderwertigkeit von Organen«* (München 1927) anzusehen sind. Die leitenden Gedanken dieser Arbeiten sind folgende:

Jedes Kind wächst unter Verhältnissen auf, die es zu einer Doppelrolle zwingen, ohne daß es diesen Sachverhalt mit seinem Bewußtsein erfaßt. Wohl aber mit seinem Gefühl. Einerseits klein, schwach, unselbständig, entwickelt es Wünsche nach Anlehnung, Zärtlichkeit, Hilfe und Unterstützung. Und bald fügt es sich dem Zwange, der den Schwachen zum Gehorsam, zur Unterwerfung verpflichtet, wenn er Triebbefriedigungen und die Liebe seiner Pflegepersonen erlangen will. Alle Züge des erwachsenen Menschen von Unterwürfigkeit, Demut, Religiosität, Autoritätsglauben (Suggestibilität, Hypnotisierbar-keit und Masochismus beim Nervösen) stammen aus diesem ursprünglichen Gefühl der Schwäche und stellen psychische Zustandsbilder dar, denen offensichtlich bereits geringe Spuren von Aggression anhaften, Versuche, etwas von Geltung und Triebbefriedigung aus der Umwelt für sich zu gewinnen.

Zur gleichen Zeit, insbesondere aber deutlich im Laufe der Entwicklung, tauchen *Züge des Eigenwillens* auf, ein *Hang zur Selbständigkeit, Großmannssucht, Trotz* machen sich mehr und mehr geltend und *treten in Kontrast zu den anderen Zügen des Gehorsams.* Ja, man merkt bald, daß diese Kontraststellung offenbar unter dem Druck der Außenwelt, bei Entfaltung des kindlichen Ehrgeizes, groß zu werden und seinen Trieben Befriedigung zu gewähren (Eßtrieb, Schautrieb z. B.), sich stetig steigert. *Die Quelle dieser Kontraststellung der Charakterzüge liegt in dem inneren Widerspruch zwischen Unterwerfung und der Tendenz der Triebbefriedigung.* Das Kind merkt sehr bald, daß in seiner kleinen Welt vorzugsweise die Kraft gilt und findet dafür in der großen Welt reichliche Bestätigung. Und so nimmt es von den Zügen des Gehorsams nur diejenigen an, die ihm Nutzen bringen, sei es einen Gewinn an Liebe, an Lob, Verzärtelung oder Belohnung. Leider führt gerade diese Art von Lebensbeziehung des Kindes leicht auf *Abwege* und kann aus dem Unbewußten heraus in *tendenziöser* Weise Situationen schaffen, in welchen der späterhin Erwachsene geradezu *auf die Hilfe anderer* angewiesen ist. Solche Kinder werden in jeder Art Kränklichkeit, Ungeschicklichkeit, Ängstlichkeit, Schwachheit, im Leben, in der Schule, in der Gesellschaft ihre Beziehungen so einrichten, daß man sich ihrer annimmt, Mitleid zeigt, daß man ihnen hilft, sie nicht allein läßt usw. — Gelingt ihnen dies Vorhaben nicht, so fühlen sie sich beleidigt, zurückgesetzt, verfolgt. *Eine ungeheure Überempfindlichkeit wacht darüber, daß nicht die eigene Schwäche entlarvt werde.* Immer ist es ein Schicksal, Pech, die schlechte Erziehung, die Eltern, die Welt, die Schuld an ihrem Unglück tragen, und in dieser Absicht steigern sie ihre Wehleidigkeit zur Hypochondrie, zu Weltschmerz und Neurose. Und noch mehr! Ihre Sehnsucht nach Mitleid, nach Bevorzugung kann so intensiv werden, daß sie die Krankheit als Mittel schätzen lernen, einerseits um das Interesse der Umgebung auf sich zu lenken, andererseits als Vorwand, *um jeder Entscheidung auszuweichen. Diese Furcht vor jeder Entscheidung (die Prüfungsangst des Nervösen), die ihn nichts zu Ende bringen läßt, ihn gleichzeitig aber mit höchster Ungeduld und Hast erfüllt, die ihm das Warten* (auf die Entscheidung, auf den Erfolg) *zur größten Qual macht, wird nur erklärlich, wenn man die ungeheuren Größenideen des Unbewußten kennt und das Gefühl von deren Unerfüllbarkeit bei ausgesprochen nervösen Personen.*

Diese intrapsychische Spannung, der dialektische Umschlag aus dem Schwächegefühl des Kindes in Großmannssucht, wird begleitet, aber auch behütet durch dauernde Affektlagen der Ängstlichkeit, der Unsicherheit, des Zweifels an den eigenen Fähigkeiten. Und dies um so mehr, je größer die dynamische Wirkung des Kontrastes, je hypertrophischer die Züge des Ehrgeizes und der Eitelkeit sich ausgestalten.

Die Individualpsychologie ermöglicht es, durch Reduzierung dieser psychischen Überspannung auf die Anfänge in der Kindheit die Ursachen anzugeben für deren Bedeutung, außerordentliche Kraft und Haltbarkeit. Ich konnte in allen Fällen, *bei Nervösen, außerordentlich befähigten Menschen und bei den einer Untersuchung zugänglichen Selbstmördern* den Nachweis erbringen, *daß sie in den Anfängen der Kindheit ein besonders vertieftes Gefühl der Minderwertigkeit besaßen.* Als Ausgangspunkt dieses Gefühls habe ich schon vor Jahren eine *angeborene Minderwertigkeit von Organen und Organsystemen angeschuldigt,* welchen zufolge das Kind beim Eintritt ins Leben durch Kränklichkeit, Schwäche, Plumpheit, Häßlichkeit und Deformität sowie durch Kinderfehler (Bettnässen, Stuhlschwierigkeiten, Sprachfehler, Stottern, Augen-und Gehöranomalien) ins Hintertreffen gerät.

Der von diesem Gefühl der Minderwertigkeit ausgehende *stürmische Versuch zur Überkompensation,* gleichbedeutend mit Überwindung des Fehlerhaften durch angestrengtes Training des Gehirns, gelingt recht häufig, nicht aber ohne dauernd Spuren dieses Zusammenhangs und der Mehrleistung in der Psyche zu hinterlassen. Der ehemalige Bettnässer wird zum Reinlichkeitsfexen und Blasenathleten, das Kind mit unwillkürlichen Stuhlabgängen zum Hyperästheten, die ursprüngliche Schwäche und Empfindlichkeit der Augen prädestiniert zuweilen zum Maler und Dichter und der Stotterer Demosthenes wird zum größten Redner Griechenlands. Dabei begleitet sie alle auf ihrem Lebenswege eine unbezähmbare Gier nach Erfolg, und ihre dauernde Überempfindlichkeit sucht ihnen *die Kulturhöhe zu sichern.* Rachsucht, Pedanterie, Geiz und Neid begleiten diese Entwicklung, ebenso auch Züge von ausgesuchter Mannhaftigkeit, sogar Grausamkeit und Sadismus.

Nur eine Relation noch kann diese Spannung verstärken, und sie ist es gerade, die den pathologischen Gestaltungen dieser ins Gegensätzliche umschlagenden Dynamik ihre höchste Weihe gibt. Sie geht aus dem häufig anzutreffenden *psychischen Hermaphroditismus* hervor. Die Doppelrolle verleitet viele der Kinder, eine naheliegende *Analogie mittelst einer falschen, aber aus Tatsachen geschöpften Wertung* herzustellen, eine Analogie, der seit altersher ein großer Teil der Menschheit unterlegen ist, und die eine ganze Anzahl der feinsten Köpfe, — ich nenne nur *Schopenhauer, Nietzsche, Moebius, Weininger* — mit geistreichen Sophismen zu stützen gesucht haben: ich meine *die Gleichstellung von Zügen der Unterwerfung mit Weiblichkeit, der Bewältigung mit Männlichkeit.* Dem Kinde wird diese Wertung recht häufig aus den Familienbeziehungen und aus der Umgebung aufgezwungen. Es kommt dann bald so weit, daß jede Form von Aggression und Aktivität als männlich, Passivität als weiblich empfunden wird. Dann geht das Streben des Kindes dahin, aus Gehorsam zu Trotz, aus der Folgsamkeit heraus zu Bösartigkeit, aus den normalen Bahnen der kindlichen Fügsamkeit und Weichheit zu aufgepeitschten Bestrebungen der Großmannssucht, der Starrköpfigkeit, des Hasses, der Rachsucht zu gelangen. Kurz, in den geeigneten Fällen (bei starkem Gefühl der Minderwertigkeit) setzt ein toller männlicher Protest ein, bei Knaben wie bei Mädchen. Selbst die körperlichen Schwächen und Fehler des Kindes werden dann nicht verschmäht, wenn sie als Waffen dienen können, um sich etwa durch Kränklichkeit, Kopfschmerzen, Bettnässen, usw. das dauernde Interesse und eine gewisse Herrschaft über die Umgebung zu sichern. So wird *aus dem Unbewußten heraus eine Situation geschaffen, in der die Krankheit, ja selbst der eigene Tod gewünscht wird, teils um den Angehörigen Schmerzen zu bereiten, teils um ihnen die Erkenntnis abzuringen, was sie an dem stets Zurückgesetzten verloren haben.* Nach meiner Erfahrung stellt diese Konstellation die regelmäßige psychische Grundlage dar, die zu Selbstmord und Selbstmordversuchen Anlaß gibt. Nur daß *in späteren Jahren meist nicht mehr die Eltern, sondern ein Lehrer, eine geliebte Person, die Gesellschaft, die Welt als Objekt dieses Racheaktes gewählt wird.*

Kurz anführen muß ich noch, daß eine der wichtigsten Triebfedern zu diesem männlichen Protest die häufig anzutreffende Unsicherheit des Kindes über seine gegenwärtige oder zukünftige Geschlechtsrolle ist. Aus dieser Unsicherheit heraus, die die double vie, die Bewußtseinsspaltung, den Zweifel und die Unentschlossenheit der Nervösen vorbereitet, drängt es Mädchen

und Knaben mit ungeheurer Wucht zum männlichen Protest in jeder Form. *Aus diesem hefti-
gen Streben stammen alle Formen der Frühsexualität und des Autoerotismus, die Masturbation wird
zur Zwangserscheinung, und ein unablässiges Drängen nach »männlich« scheinender Betätigung der
Sexualität* (unter anderem: *Don Juan, Messalina, Perversionen, Inzest, Notzucht* usw.) verankert
sich als prägnantes *Symbol des männlichen Protestes.* Die Liebe selbst artet aus in eine unstillbare
Gier nach Triumph, die Befriedigung des Sexualtriebes findet eine sekundäre Verwendung zum
Zweck des Beweises der Männlichkeit oder auf einer psychischen Nebenlinie — wie im *Falle
der Masturbation — zum Zweck der Selbstbeschädigung im Sinne eines Racheaktes.*

Die Selbstmordidee taucht unter den gleichen Konstellationen auf wie die Neurose, der neurotische Anfall oder die Psychose. Selbstmord und Psychose wie die Neurose sind Ergebnisse der
gleichen psychischen Konstellation, die durch eine Enttäuschung oder Herabsetzung bei Disponierten eingeleitet wird und die das alte Gefühl der Minderwertigkeit aus der Kindheit wieder
zum Aufflammen bringt. *Selbstmord* wie *Neurose sind Versuche einer überspannten Psyche, sich der
Erkenntnis und den Qualen dieses Minderwertigkeitsgefühls zu entziehen, und treten deshalb zuweilen
vergesellschaftet auf.* In anderen Fällen wirkt ein konstitutionelles Moment (die Stärke des Aggressionstriebes) oder Beispiele richtunggebend. Der »Heredität« kann in gleicher Weise vorge-
beugt werden, wie den Manifestationen selbst, und zwar durch die Individualpsychologie. Sie
deckt das kindliche Gefühl der Minderwertigkeit auf, führt das Kind von seiner Überschätzung
auf das wahre Maß zurück, indem sie falsche Wertungen korrigiert, und stellt die Revolte des
männlichen Protestes unter die Leitung des erweiterten Bewußtseins. *Selbstmord wie Neurose
sind kindliche Formen der Reaktion auf kindliche Überschätzung von Motiven, Herabsetzungen und
Enttäuschungen. Und so stellt der Selbstmord — ganz wie die Neurose und Psychose — eine Sicherung
vor, um in unkultureller Weise dem Kampf des Lebens mit seinen Beeinträchtigungen zu entgehen.*

Freilich ist nur solcher Reaktionsweisen fähig, wer imstande ist, sein Gemeinschaft

Erziehungsberatungsstellen

Der Geist eines Volkes und seiner Zeit drückt sich nirgends so klar und deutlich aus als in der Kindererziehung. Die Bedürfnisse der einem Volke eigentümlichen Kultur drängen Eltern, Erzieher und Schule ununterbrochen zu erzieherischen Maßnahmen, ihnen zu genügen. Auch der ganze kleinere oder größere Kreis des Lebens, der das Kind umgibt, stellt ihm seine logischen Forderungen oder Schranken. Das Ideal eines Volkes, wie es sich aus seiner Position im Völkerleben und aus seiner geistigen Reife ergibt, regelt auch seine bewußten und unbewußten erzieherischen Eingriffe und bewegt die Reform seiner Pädagogik in Schule und Haus.

Die Erziehbarkeit des Kindes stammt aus der Breite seines angeborenen, differenzierten und wachsenden Gemeinschaftsgefühls. Mittels desselben gewinnt es den Anschluß an das Volksideal. Auf diesem Wege werden die Forderungen der Allgemeinheit zu persönlichen, die immanente Logik der menschlichen Gesellschaft, ihre Selbstverständlichkeiten und Notwendigkeiten zur individuellen Aufgabe für das Kind.

Neben dem Gemeinschaftsideal unserer Kultur wirkt in unheilvollster Weise das Ideal der persönlichen Macht. In den Bahnen der Eitelkeit, der Hoffart, der Eigenliebe, des Ehrgeizes erfolgt die Zerstörung des Zusammengehörigkeitsgefühls. Mißtrauen, zänkisches Wesen, Neid und Eifersucht vergiften frühzeitig die Atmosphäre des Kindes und weisen ihm für die ganze Zeit seines Lebens eine kämpferische Stellung zum Nebenmenschen an, verhindern seine Entwicklung zum Mitmenschen und zum Mitarbeiter. Unwillig, und deshalb unvollkommen, geht ein solches Kind, das nur mit sich und seiner Selbstsucht erfüllt ist, den naturgegebenen Aufgaben seines jungen Lebens nach und sehnt immer wieder Triumphe herbei, um seinem Machtrausch zu frönen, oder es sucht sich an der Ohnmacht seiner Umgebung zu weiden. Der .Verfall in Unarten und in Kinderfehler bezeichnet diesen Weg. Oft locken böse Beispiele und der niedrige Stand unserer Kultur. Die Rechnung des Lebens wird verpfuscht, das Kind steht auf gegen die Logik des Zusammenseins und die Verwahrlosung mit ihren Folgen nehmen es gefangen.

Das selbstsüchtige Streben nach Macht findet in der Familie, die als grundlegende Einrichtung unseres Gesellschaftslebens neben manchen unersetzlichen Vorzügen auch schwerwiegende Mängel zeigt, einen unverhältnismäßig guten Nährboden. Die überragende Rolle des Vaters verleitet zur Nachahmung. Die Frauenrolle, im äußern Zeichen der Unterwerfung, oft der Erniedrigung, treibt das Kind zum Widerstand und Protest, legt den Knaben Großmannssucht und Prahlerei, oft auch Lebensfeigheit und Ausreißerei nahe, den Mädchen Revolten aller Art oder unheilvolle, unausgeglichene Resignation. In der Familie entstanden, kann die Verwahrlosung durch die Familie nicht geheilt werden.

Die Schule übernimmt die Kinder schon mit fertigen Schablonen, die ihnen im zweiten und dritten Lebensjahr erwachsen sind. Nur eine individuelle Vertiefung in das Seelenleben des einzelnen, Einzelerziehung, könnte bei Fehlschlägen Abhilfe schaffen. Die Schule im Prinzip der Massenerziehung bleibt ohnmächtig. Erst wenn sie durch ein wohlausgebautes System von Hilfslehrern sich ergänzen wird, die, individualpsychologisch ausgebildet, dem einzelnen strauchelnden Kinde zu Hilfe eilen, wird sie unseren Forderungen genügen können. Derzeit aber schafft sie als Prüfstein der Schulfähigkeit für schlecht vorbereitete und mangelhaft eingefügte Kinder oft Schwierigkeiten, vor denen die Eitelkeit des Kindes gerne in die Verwahrlosung ausbiegt. Die von der Glöckelschen Schulreform geforderten Bogen zur Charakteristik der Schüler sind ein vielversprechender Anfang, erfordern aber dringend eine Ausgestaltung in unserem Sinne, die Bestellung von Hilfslehrern behufs individueller Erziehung bei schwer erziehbaren Kindern, bis die Lehrer Individualpädagogen werden.

Die Ausbildung solcher Hilfslehrer aber ist bis heute nicht in die Wege geleitet. Unter den wenigen Lehrstätten nennen wir die Vorlesungen und Kurse in den Volksheimen, wo praktisch und theoretisch moderne Pädagogik und Individualpsychologie betrieben werden. Eine im Wiener »Volksheim« errichtete »Beratungsstelle für Erziehung«, bei der Kinder, Eltern und Lehrer mit Wünschen und Fragen bezüglich erzieherischer Fehlschläge zur Aussprache kommen, ist ein bescheidener Anfang. Durch diese Stellen soll dafür gesorgt werden, daß verwahrloste und schwer erziehbare Kinder innerhalb oder außerhalb ihrer Familie wieder »kontaktfähig« werden, das heißt, daß sie sich wieder der Gemeinschaft und ihren Forderungen anpassen.

Die Schulreform, selbst aus den Notwendigkeiten der Zeit entsprungen, bestimmt, die bürgerliche Schule in die soziale umzuwandeln, schafft und enthüllt in ihren Auswirkungen neue Notwendigkeiten. Indem sie immer weitere Verpflichtungen der Familie übernimmt, denen diese nicht mehr genügen kann, stößt sie auf die Aufgabe der individuellen Erziehung. Die erzieherischen Fehlschläge, Ergebnisse der unzureichenden Familienerziehung, können in der Familie nicht korrigiert werden, es sei denn, die Familie werde in die Erziehung miteinbezogen.

Eine Ausgestaltung solcher Erziehungsberatungsstellen, wie sie auch in Deutschland, in der Schweiz und in Amerika bestehen, erfordert den Anschluß eines mit den gleichen Erfahrungen und Erkenntnissen ausgerüsteten Kinderheims. Für ein solches müssen sich die Beratungsstellen gleichzeitig ihre Kräfte schaffen. Deshalb ist es nötig, die Beratungsstellen so anzulegen, daß eine disziplinierte Hörerschaft an ihnen teilnehmen kann, dort sich Rat holt und an Kenntnissen gewinnt. Die unerläßliche praktische Erfahrung und der pädagogische Takt kann nur im persönlichen Umgang mit den schwer erziehbaren Kindern gewonnen werden. Ist man, wie wir, auf schmale Hilfsmittel gesetzt, so muß ein Turnsaal für den Anfang genügen, gemeinsame Ausflüge der Hörerschaft mit den Kindern, gemeinsame Spiele, ein Strandbad im Sommer oder die Arbeit in einem Schrebergarten. Jedes Kind stellt einen vor eine bestimmte Aufgabe. Sie muß immer im Auge behalten werden, die Fühlung mit Kindern und deren Eltern darf nicht verloren gehen, und bei jeder Zusammenkunft muß man durch taktvolles Eingreifen den Stand der Besserung feststellen und den Fortschritt befestigen.

Zum Schlusse will ich noch ein Schema vorlegen, das trotz seiner Unvollständigkeit genügende Anhaltspunkte gibt, um größere Fehler zu vermeiden. 1. Verzicht auf jede Autorität. — 2. Feststellung der krankmachenden Situation und deren Verfolgung bis ins früheste Kindesalter. — 3. Peinliche Rücksichtnahme auf das Recht des Verwahrlosten. — 4. Aufdeckung seiner Eitelkeit. — 5. Entfaltung seines Gemeinschaftsgefühls unter beispielgebendem Verhalten des Erziehers. — 6. Zurückführung des Aberglaubens von der Begabung auf die wahren, dürftigen Grenzen. — 7. Jeder dieser Standpunkte muß erarbeitet und erfühlt, muß lebendig gemacht sein, muß sich über das Reich der Phrase und der Augenauswischerei erheben.

Es ist ein dringendes Bedürfnis unserer Zeit, die andersartigen Standpunkte aller Personen, die mit der Erziehung von Verwahrlosten beschäftigt sind, einer strengen Prüfung zu unterziehen und je nach dem Ausfall seine Maßnahme zu treffen.

www.ingramcontent.com/pod-product-compliance
Lightning Source LLC
LaVergne TN
LVHW051307200726
843510LV00010B/1322